津田直子

釈尊ものがたり

大法輪閣

はじめに

この『釈尊ものがたり』は、『南伝大蔵経《なんでんだいぞうきょう》』に収められている『本生経《ほんじょうきょう》』を基に書かせて頂いたものです。

今から二十四年前、当時の『大法輪』編集長、本間康一郎氏から、「『釈尊ものがたり』を童話風に……」というお話を頂きました時の、まるで果てしなく拡がる巨大な〝光の玉〟の前に、突然立たせて頂いたような畏れと感動を、私は今も忘れることができません。

篤信の家に生まれさせて頂き、小さい時から家族と一緒にお経を上げ、御法話を聞いて大きくなりました私にとって、お釈迦さまは限りなく慕わしい、絶対・至上の存在であられました。そして、これは年齢と共に、ますます深まって行くばかりでした。しかし、いざ『釈尊伝』を書かせて頂くとなりますと、これはもうただ事ではありません。すぐにはお返事ができないでいる私に、本間氏はさり気なく、一番必要な「時間」を下さいました。

「出来ました時に……」と。

今考えましても、何というありがたいお心遣いであったかと、頭が下がります。私は無我夢中で駒澤大学の片山一良先生にお教えを乞い、凡てを捨ててまっしぐらに歩き続けていました。そんなある日、本間編集長がお声を掛けて下さいました。

「そろそろどうですか……」

お話を受けてから、何と、二年が経っていました。こうして平成元年五月号から平成三年八月号まで、二十八回に亘ります『童話風―釈尊ものがたり』の連載が始まりました。その間中、本間編集長には本当にお世話になりました。どんなにか、我慢をして下さっていたことと申し訳なく存じております。又、直接お目にはかかりませんが、沢山のお方々のお力を頂いておりましたことを、心から感謝いたしております。こうして無事、終了させて頂きました日の、大空に溶けてでもゆくような安らかな気持ちは、生まれて初めての、そうして多分、最後のものではないかと思われます。

さて、この『童話風―釈尊ものがたり』が、二十二年を経て、何とこの度、大法輪閣編集部、谷村英治氏によって改めて取り上げられました。そして筆者による加筆・訂正等終了の後、改めて『釈尊ものがたり』と題する一冊の「本」として出版されることになったのです。昨年十月末、初めてお電話でこのことを伺いました時の驚きは、受話器を置きましてからも、寸時、そこを動けず、呆っとして、椅子から立ち上がれなかったほどの衝撃でした。世の中にこんな事があるのかしら――、と。

そして十一月の初め、

「春になりましたら……」

とのお話を頂きました。私はさっそく手元の旧稿を読み返し、加筆・訂正に入りました。どうしても判断のつかない処は、重々、申し訳ないとは思い乍らも必死の思いで、片山一良先生にお教えを乞いました。この時も先生は快くお時間をお割き下さり、懇切に御教示を下さいました。ありがたさが身に染みました。

こうしていよいよ五月七日からゲラ刷りが出はじめ、私は谷村氏の隅々にまで、驚くばかりに御配慮の届いた、見事なゲラ刷りを前に、思わず合掌をしておりました。

本当に、有り難く存じます。

合掌

平成二十二年九月吉日

著者 記す

釈尊ものがたり　目　次

第七編　釈尊の晩年

第八編　釈尊の入滅

装幀…清水 良洋（マルプデザイン）

序編　王子の前世

釈尊は今からおよそ二千五百年ほど前、北インドのヒマラヤの山すそ近く、豊かな小王国として富み栄えていた、誉《ほま》れ高い釈迦《しゃか》国の王子としてお生まれになりました。世にまたとない優《すぐ》れた資質を具《そな》えてこの世に誕生された王子は、これ以上はないほどに注意深く大切に育てられ、王宮の生活は目を見張るばかりのものであったようです。その上、人並《ひとなみ》はずれた聡明さと欠ける所とてない完全な美しさまで、一身に兼ね備えておいでになったこの恵まれた王子が、何故二十九歳でそれらの総《すべ》てをきっぱりと捨て、お城を後にしてただ独り敢然と出家なさったか、まず、その遠い遠い過去世からの因縁物語からお話を進めてまいりたいと思います。

①　修行者スメーダ

それは遠い遠い数えようもないはるかな昔のことでした。スメーダ（善慧《ぜんね》）という一人のバラモン（婆羅門）が、不死城《アマラワティー》という天上を思わせるような豊かで美しい都に住んでいました。両親は早く亡くなっていましたが、血筋正しく清らかな家系で、七代前からの莫大な財産を受け継いでいたのです。スメーダはバラモンの学芸を究《きわ》め尽くした賢者で、いかにも美しく整った、立派な風ぼうの持ち主でした。

ある日のこと、スメーダ賢者は（これほどの財産を集めながら、父上もその先代のどの方も、あの世に行くのに一文《いちもん》も持っては行かれなかった……）こう考えながら独り足を組んで坐りましたが、次第に深い思いの中へ静かに入って行ったのです。

こうしてスメーダ賢者は、生まれることの苦しみ、年を取ることの苦しみ、病気をすることの苦しみ、死の苦しみを思い、この果てしない繰り返しから抜け出て、不滅の悟りを得るためにはどうすればよいか、を思いめぐらした末、この身を捨ててその道に向かって精進努力しようと、固く心に決めたのです。

そこで王様に申し上げ、太鼓で都中に大布施をする旨《むね》を知らせました。量《はか》りようも数えようもないほどの金・銀・財宝・穀物など総ての財産を、乞食や旅人その他の人々にすっかり喜捨し終《お》えたスメーダ賢者は、ただ独りで華やかな都の門から出て行ったのです。

やがてヒマラヤ地方、ダムマカという山の近くで修行者としての生活に入り、樹皮の衣に身を包んで一心に精進したスメーダ行者は、七日を経《へ》ずに望んでいた神通力を得ることができ、ひたすら心静かな瞑想《めいそう》のうちに日を送っていました。

この間に、燃灯仏《ねんとうぶつ》が世にお出ましになっていたのです。四十万の心のよごれ、けがれを除き尽くしたお弟子方に囲まれ、尊い法を説きながら、御仏《みほとけ》は旅を続けてランマ（蘭摩）の都にお着きになり、善現大精舎《スダッサナ》にお入りになりました。これを知った都の人々は手に手に捧げ物を持ち、御許《みもと》に行って礼拝《らいはい》し、深い感動でそれぞれの心をしっとりと潤《うるお》わせてお説教を伺《うかが》ったのです。

翌日は御仏とそのお弟子方を御供養させて頂ける喜びで、都中が興奮していました。お食事の準備をし、都を飾り、お歩きになる道を修理して、水のために途切れた処には土を投げ入れ、地面を平らかにして美しい砂をまき、炒《い》った穀物や花々をもまくなど、皆、顔を輝かせていそいそと動き回っています。

丁度この時、スメーダ行者はいおりから出て空に昇り、この人々の上を飛んでいましたが、余りにも嬉《うれ》しそうな様子なので、空から下りて来てその訳《わけ》を尋ねました。こうしてスメーダ行者ははじめて、燃灯仏と申し上げる御仏がこの世にお出ましになったことを、そして今、このランマの都にお在《い》でになっていることを知ったのです。

「仏」という言葉を耳にするなり、スメーダ行者の全身は言い知れぬ深い深い喜びに満ち満ちて、感動のあまり思わず「仏、仏」と声に出して繰り返していました。（聞くことさえ得難い「仏」というこの言葉。ましてや世に出で給《たま》う《い》その時に、生まれ合わせることのむつかしさ――。私はこの人達と一緒に、御仏のお歩きになる道の修理をさせて頂かなくては……）こう考えたスメーダ行者は、立ち働いている人々に、

「どうか私にも一箇所、修理する場所を与えて下さい。皆さんと御一緒に御仏のために道を直したいのです」

と頼みました。人々は快《こころよ》く承知して、スメーダ行者が神通力を持っていることをよく知っていましたから、水のために途切れている手間のかかる所を割り当てたのです。スメーダ行者は喜びと敬虔《けいけん》な気持でその場所に立つと、（私は神通力で一気にこの道を直すこともできる。しかしそれだけはしたくない。私は今日、私の肉体で、この体そのもので、御仏に奉仕しなければならない……）こう思って仏をのみ念じながら、一生懸命に土を運んで来てはその場所に投げ込み、また運んで来ては投げ込みし続けていました。

ところがスメーダ行者がその場所を直し切らないうちに、燃灯仏のお姿が見えて来たのです。仏は四十万のすぐれた力を持つお弟子方と共に、天人達が天界の花環《はなわ》と香を捧げ、ランマの都の人々が人界の花環と香を捧げ、天界と人界の音楽が微妙に奏《かな》でられるその中を、限りない仏の偉力をもって、飾られた道を進んで来られました。

スメーダ行者は仏の三十二種の瑞相《ずいそう》、八十種の吉相《きっそう》、一ひろもある光に包まれ、えもいわれぬ濃い金色に

輝くお体の光明が、時に花の冠のように、時に対《つい》になって出て来る、言葉には尽くしようもない尊く美しいお姿を拝して（今こそ私はこの命を御仏に捧げよう）と決心し、（御仏はどうか泥をお踏みになることなく、お弟子方ともども、摩尼珠《マニしゅ》の板の橋をお通りになるおつもりで、私の背を踏んでお歩き下さいますよう。私の永遠の利益と安楽のために……）こう願って、結んでいた髪を解《と》いて泥にしき、橋のように体を延ばして泥土の上にうつ伏せになりました。

スメーダ行者は燃灯仏のお姿をうつ伏せになったまま今一度拝して（私は煩悩を焼き尽くし、この御仏のように最上の優れた仏となって、多くの人々を法の船に載せ、迷いの海から救い出したい）と考え、人間であること、男性であること、因縁があること、仏を見奉《たてまつ》ること、出家すること、徳を具《そな》えること、奉仕と願心――この八つの法を結びつけて、仏となるべき大誓願を立てたのです。

御仏はスメーダ行者の頭の近くまで来られると立ち止まられ、泥土の上に全身を長々とうつ伏せにしている姿をじっと御覧になりました。仏の御力には量り知れないものがあります。総てをお見通しになった燃灯仏は、群集の中で予言をなさいました。

「人々よ、この苦行者は身を捨てて、仏となる大誓願を立てている。遠い未来に必ずや、ゴータマ（瞿曇《くどん》）という仏と成るであろう」

とその生《しょう》での生涯を具体的にはっきり述べられたのです。この御仏のお言葉にスメーダ行者の全身は喜びでいっぱいになりました。集まっていた天人もランマの都の人々も、

「スメーダ行者は仏の種、仏の芽だ」

と言って大喜びです。燃灯仏は賛辞と共に八握りの花を捧げて、尊敬を表わす右回りの礼をなさって去って行かれました。四十万のお弟子方も香と花環を捧げ、同じく右回りの礼をとって去って行かれたのです。そ

こにいた天人もランマの都の人々も皆捧げ物をし、礼拝をして去って行きました。

こうして誰もいなくなった時、スメーダ行者は初めて静かに身を起こして立ち上がりました。言い知れぬ喜びの中で、

「仏となる菩薩《ぼさつ》の行なう修行を確かめてみよう」

と言って、独り花を積みあげた上に足を組んで坐ったのです。

すると、一万の大世界の天人達が集まって来て喜びの声をあげ、

「尊者スメーダ行者よ、あなたは必ず仏と成られましょう。仏と成られた昔の諸菩薩がそうされた時と同じ前兆《ぜんちょう》が、残らず今日、現われているのです。どうかどこまでも努力して御精進下さいますよう」

と誉め称《たた》えて励ましました。

これを聞いてさらに力を得たスメーダ行者は「仏と成る基《もと》となるべき法」について、昔の諸菩薩が第一に行なわれたものから、一つ一つ綿密に次々と追求し探りに探って、その結果、十種の波羅蜜《はらみつ》（悟りに至るための菩薩の修行——布施・護戒・出離・智慧・精進・堪忍《かんにん》・真実・決定《けつじょう》・慈・捨の十波羅蜜）こそそれであることを確信し、これらをしっかりと守って行ない遂《と》げようと堅く決心したのです。しかもこれらは他のどこにあるのでもなく、ただ自分の心の内にのみ在るのだということをとくと知って、さらにそれらについて思いを凝《こ》らして行ったのです。するとその法の力によって、何と大地が大きな音を立てて震え揺れ動いたから、さあ大変です。ランマの都の人々はばたばたと気絶して倒れました。家の中の焼きものなどはもちろん、こっぱみじんです。気絶だけはしなかった人達も恐ろしさに耐えかねて皆で燃灯仏の御許《みもと》へとんで行きました。

「世尊よ、これは一体何のせいでございましょうか、これは世の禍《わざわい》となるのでしょうか、福となるのでございましょうか。どうかこの訳をお教え下さいませ」

すると御仏は、

「案ずるでない。恐れるでない。これは私が今日『未来にゴータマという仏となるであろう』と予言をしたスメーダ青年が、今、波羅蜜に思いを凝らしている。その法の威力によって一万世界全体が同じように震え叫んでいるのである」

と仰《おお》せになったのです。これを伺って安心した人々はこんどは逆に大喜びで、花環や香・塗香《ずこう》を持ってスメーダ行者の所へ行き、恭《うやうや》しく捧げ物をして礼拝し、右回りの礼をとって帰って行きます。

スメーダ行者はまた静かに十種の波羅蜜に思いを深め、何としてでも精進せねばとさらに堅く心に誓って、坐っていた座から立ち上がりました。

この時、一万世界の天人が一人残らず集まって来たのです。手に手に天の花環や香を捧げ、

今日の大願が障《さわ》りなく滞りなく速やかに成就しますように、

どんな禍も尊いスメーダ行者を損《そこな》うことがありませんように、

十の波羅蜜を立派に成就され、最高のお悟りを得て、尊い法をお説きになり、世界に輝きわたられますように――、

など心をこめた言葉を述べた後、スメーダ行者を誉め称え、お祝いの言葉を残して、それぞれ自分の天上の世界へ帰って行きました。

スメーダ行者は天人達の温かい励ましをありがたく感謝して、いよいよその決心と覚悟を堅くすると、空中高く飛び上がって、ヒマラヤの地方へ飛び去って行ったのです。

2 六牙の白象

長い長い時が経《た》ちました。かつてのスメーダ行者はあれから幾つも幾つもの生《しょう》で、王子・王・龍王・賢者・獅子《しし》・夜叉《やしゃ》の長《おさ》・行者など様々なものに生まれかわりながら、その一つ一つの生で菩薩としてのこの上もなく厳しい精進を続け、あらゆる徳を積み重ねて来られたのです。燃灯仏をはじめ二十四仏の御許《みもと》で誓《ちかい》を立て、仏と成る予言を受けておられた菩薩は、やがて十種の波羅蜜を完成して、遂に最後のヴェッサンタラ（王子のちに王）の生では、大地を揺れ動かすほどの大功徳を行なって、寿命が尽きると兜率天《とそつてん》にお生まれになりました。

この天は次に仏となられる最高位の菩薩がお住みになる所だけに、果てしなく美しく豪華でした。菩薩はそんな中で数知れぬ天子達に囲まれていつも教えを説いておいでになりましたが、ある時、天子達の奏でる音楽がいつしか詩になっていきました。えもいわれぬその調べは、菩薩が遠いはるかな前の世で燃灯仏の予言をお受けになった時から、数え切れない生の間、一時たりとも厳しい修行を忘れず怠《おこた》らず、御仏を供養され、限りない徳を積まれて、今や智慧の光明に輝いておいでになることを称えたもので、

　時は来たれり　人の世に　すみやかにこそ降り給え　降りて仏となり給え　久しく渇《かわ》ける人々に　仏
の大慈大悲もて　法の甘露《かんろ》の雨降らせ　迷い苦しむ人々に　仏智の薬恵まれよ　菩薩の道を指し示し
大導師となり世の人を　導き給え　疾《と》く往《ゆ》きて

と菩薩をうながすように流れて来たのです。

そこで菩薩は人間界に降りることを決心され、まず、仏が世に出られるのに最もふさわしい「時機」と「地

方」と「国」と「族」そして「母親」となるべき婦人を慎重に選んで決められたのが、迦毘羅衛《カビラワッツ》（今のネパール領タラーイ地方）の釈迦族の王、ゴータマ家でした。浄飯王《スッドーダナ》は正しく国を治める徳の高い方であり、大摩耶《マハーマーヤー》王妃は拘利《コーリヤ》国の姫で姿形の美しさは天人をもしのぐばかり、心はさらに美しく浄らかで大変素直な方でした。その上、何事にも堪能で円満な、仏の母となられるだけの徳を十分に具えた方だったのです。

菩薩は六本の金色の牙を持つ真っ白な象の姿で、光り輝きながら高い高い兜率天から降りて来られると、安らかに眠っていらっしゃる母妃の右の脇からお胎《なか》へお入りになりました。

夢にこの神々《こうごう》しくも堂々たる六牙の白象がお胎に入ったのを見られた瞬間から、王妃は無限大とも思われる一輪の〝光の花〟の中に、ぽっかりと坐っているようなお気持になられたのです。

ほほえみながら目覚められた王妃の周りには、それからというもの吉《よ》い兆《きざ》しが次々と現われて、それは波紋のようにお城中へ都中へ国中へと拡がっていきました。

この夢は名高いバラモン達によって占われ、王は初めての御子が、それも非凡な王子が宿られたことを知られたのです。その王子は将来、偉大な王になられるか、または出家して至上の仏となられるか、そのどちらかだというのがバラモン達の言葉でした。

菩薩がお胎に宿られると同時に、一万の大世界は隅々まで震え揺れ動いて光に満たされ、体の不自由な人も病気の人もいなくなり、縛られていたものは鎖《くさり》や枷《かせ》から解かれ、地獄の火は消え、餓鬼の世界では飢えが無くなって、生きとし生けるものは皆、和《なご》やかに伸び伸びと楽しむことができたと申します。

菩薩と母妃はいつも剣を手にした四人の天子達によってしっかりと禍から守られ、王をはじめ国中の人々が喜ぶ中で、つつがなくその日が来るのを待っておいでになったのです。

第一編　王子の誕生

③ 王子誕生！

いよいよ十か月目の産《う》み月に入りました。王妃はその頃の慣わし通り、出産のためにお里のコーリヤ国デーヴァダハ（天臂《てんぴ》）の都へ向かわれることになりました。コーリヤ国は隣国です。

それでもスッドーダナ王の心遣《づか》いは大変なものでした。まず道を平らにして美しく飾るなど、行列の道筋を注意して整えさせました。それが済《す》むと王妃を黄金の輿《こし》に乗せ、千人の選《え》りすぐった廷臣達にかつがせました。女官・腰元その他大勢の男女のお供も従っています。

こうして王妃の美々しい行列は、カピラワッツの都からデーヴァダハの都へと出発しました。

この二つの都の中程に、二つの都の人々のための、気持のよい、幸先《さいさき》のよさを思わせる沙羅樹《さらじゅ》の林、ルンビニー（藍毘尼）園がありました。古くから災難よけの縁起のよい樹とされていた沙羅樹は、この時一せいに淡黄色の香り高い小さな花々をいっぱいに咲かせ、枝の間、花の間を五色の蜜蜂《みつばち》の群やさまざまな美しい鳥が、楽し気《げ》に飛び回っていました。その様子はまるで天上の帝釈天《たいしゃくてん》の遊園チッタラター園のようでした。

これを御覧になった王妃はうっとりとして、このすばらしいルンビニー園で、一休みしたいとお思いになりました。

林に入られた王妃は、しばらくそぞろ歩きをしておいでになりましたが、そのうち、いかにも堂々とした王者の風格を持つ、一本の見事な沙羅樹の根方へ行ってお立ちになりました。

何というよい香り、何という美しさでしょう——、王妃は淡々《あわあわ》とした薄黄色の小花が、房をなして咲きにおっている枝を眺めて、手に取りたいとお思いになりました。すると、ふしぎにもその一枝がしなやかに垂れ下がり始めたかと思うと、王妃の手の方へ寄って来ました。王妃が手を伸ばしてその枝をお取りになると、突然今にも御出産ということになったのです。

驚いたお供の人達は天幕を張り巡らして王妃を囲み、お付きの女官と腰元だけが残って、他の人々はその場から急いで身を退きました。

王妃は美しい沙羅樹の枝を手に持ってお立ちになったまま、少しの苦痛も無く、安らかに王子をお産みになりました。と同時に、浄らかな心を持つ四人の大梵天《ぼんてん》が、黄金の網を持って来て菩薩の王子をお受けし、お側に置いて申しました。

「王妃よ、お喜び下さい。偉大な、大力量を具えられた王子が、お生まれになりました」

この時、菩薩の王子は一点の汚れもない浄らかなお体で、まるで法座を下りる説法者のように、階段を下りる人のように、両手両足をすんなりと伸ばして、光り輝きながら母妃のお胎から出ておいでになり、天上からは敬意を表して温かい、また冷たい二筋の水がお二人の上に降り注いで、お体に力をお付けしたのでした。次いで黄金の網を持って立っている四人の大梵天の手から、持国《じこく》・増長《ぞうじょう》・広目《こうもく》・多聞《たもん》の四天王が、お祝いのために用意した、縁起の良い、柔らかなカモシカの皮のおくるみで菩薩の王子をお受けし、その四天王の手から、母后に仕える女官が、黄麻《こうま》（ジュート）の褥《しとね》で静かにそっとお受けしました。すると菩薩の王子は、そのまま人間の手から離れて、平らかな両足で、しっかりと大地を踏みしめてお立ちになり、東方を御覧になりました。数千の大世界がまるで一つの中庭のように見渡され、天人・人間ともどもに菩薩に香華を捧げ、御供養をして申し上げました。

「大士《だいじ》よ、ここには貴方様に等しい者は居りません。どうして貴方様に勝る者が居りましょうか」

こうして四方・四維・上下と、十方を見廻されても御自分に等しい者が無いことを知られた菩薩は、これが一番良い方向であると、北に向かって七歩交互にお進みになり、

『私は世界の第一人者である。

私は世界の最年長者である。

私は世界の最勝者である。

これは最後の生まれである。

もはや二度と生存はない』

と厳かに獅子吼《ししく》なさいました。この時大梵天は白い天蓋《てんがい》を持ち、須夜摩天《しゅやまてん》は払子《ほっす》を、他の天人達は王者の標《しるし》となる品を持って、菩薩に従っていたと伝えられています。

〈付〉「北」に向かって進まれたことは、全世界を慈しみ、救済して行かれる前兆であり、七歩の「七」は、時間・空間すべての完全を表わしています。

この「王子誕生」の知らせは、釈迦国を、カピラワッツの都を、喜びの坩堝《るつぼ》に変えてしまいました。この日は五月の満月の日であったといわれます。〔日本では暦の関係からか四月八日を降誕会《ごうたんえ》としていますが……〕

さて、こうした中へ待ちに待っていた王子が、母妃と共にルンビニー園から帰って来られたのです。父王のお喜びはいうまでもなく、都中の人々が家から飛び出し、歓呼《かんこ》の声を上げてこの輝かしい行列をお迎えし

たのでした。

④ 微笑《ほほえ》んで、それから泣いたアシタ仙人

一方、この日須弥山《しゅみせん》の頂上にある三十三天では、天人達が心から王子の誕生を喜び祝っていたのです。皆、手の舞い足の踏む所を知らずといった風に、叫び、歌い、踊り、音楽を奏《かな》で、衣を振って喜んでいます。天人達は総《すべ》てを知っていたのですから……。

けれどもこれを見て怪訝《けげん》に思ったのが、この天で食後の昼休みをしようと坐っていた、天眼通《てんげんつう》を持つ、スッドーダナ王の宮庭には先代から仕えてもいたアシタ（阿私陀）という仙人でした。

「あなた方は何をそんなに喜んで、何をそんなに祝っておいでになるのですか。私にも訳《わけ》を教えて下さい」

仙人が尋ねると、天人達は一人一人が宝石のように目を輝かせて、異口同音に答えました。

「友よ、スッドーダナ王に王子が誕生されました。この方こそ世の人々を救うために人間界にお生まれになり、やがて御仏《みほとけ》となられる尊いお方です。私達はその御仏の御威徳を仰ぐことができる、御教《みおし》えを聴くことができる、その幸せを思ってこんなにも喜び、こんなにもお祝い申しているのです」

アシタ仙人はこれを聞くと、礫《つぶて》のように三十三天から下り、スッドーダナ王の宮殿に入りました。設《もう》けの席に着いた仙人は、

「王さま、王子御誕生と伺って参りました。ぜひ、お目に掛かりとうございます」

と申し上げたのです。王は嬉しそうにうなずかれました。

ほどなく、いかにも豊かな釈迦国の王子にふさわしく、清らかな中にも豪華で威厳のある装《よそお》いで、赤ちゃんの王子が連れて来られました。王はまず、王子にアシタ仙人を礼拝させようとなさったのです。ところがその瞬間、王子の小さな足はさっと動いて仙人の結髪《けっぱつ》に付きました。

普通では考えられない出来事でしたが、これにはちゃんとした訳があったのです。仏と成られるこの生《しょう》で、菩薩の王子が礼拝されて良い程のものは、この世に何一つ無かったからです。もし知らずに、王子の頭を仙人の足下に付けたりなどしていたら、それこそ仙人の頭は即座に七つに割れていたことでしょう。

アシタ仙人は、はっとして座から立ち上がると、小さな王子に恭しく合掌《がっしょう》を捧げました。

これらを息をのんで御覧になっていた父王は、御自分もまた、思わずお子さまである小さな王子に、礼拝をしておいでになったのです。

アシタ仙人は、黄金色に輝き、太陽のように光明と栄光に燃えていらっしゃる、清らかで世にも優れたお顔立ちの、美しい赤ちゃんの王子にしばらく見とれていましたが、次第に並々ならぬ偉大な人物（仏・転輪《てんりん》王《おう》）だけが持つ三十二の特相を、一つ残らず全身に具《そな》えておいでになるのを知ると、（このお方は仏と成られるであろうか……）と注意深く、その超能力を凝集させて考えました。その結果、「必ず至上のお悟りを得られて仏に成られる」という確信を得たのです。

アシタ仙人は、震えるような喜びに我《われ》を忘れ、（何と、これは無上のお方である。得難くも尊い最高の人間でいらっしゃる）とあふれるような微笑みを満面に浮べて、じっと王子に見入っていました。

けれども仙人は、はたと自分の寿命に気が付きました。すると微笑みは、みるみる消えて行きました。（このお方が御仏と成られる日、私はもうこの世に居ない。私はこのふしぎとしか申し上げようのない、世に並ぶ者の無い偉大なお方が御仏と成られ、法を説かれるのに会うこともできなければ、お教えを受けて悟りの境地に到ることもできないで、このまま次の迷いの世界に生まれて行くのだ……）こう思うと、余りの悲しさにアシタ仙人は、抑え切れずにはらはらと涙をこぼして泣き出してしまいました。

驚いたのはスッドーダナ王を始め周りにいた釈迦族の人達です。

「尊者よ、私達の王子さまに、何かおありになるのでしょうか。尊者は先にはあのように微笑んでおいでになりました。けれども今はこのように悲しみ泣いておられます」

中の一人がたまりかねて、恐る恐る尋ねました。すると仙人は我にかえって涙をふき、威儀を正して静かに答えました。

「お案じなさることなど何一つございません。王子さまは世の宝、まれにみる偉大なお方でございます。必ずや将来、人々の待ち望んで止《や》まない、尊い御仏となられましょう」

釈迦族のいま一人は、それでも納得ができずに重ねて聞きました。

「尊者よ、ではどうしてお泣きになったのでございますか」

仙人はふっと遠い所を眺めるようなまなざしで、声を落として答えました。

「私は王子さまが御仏に成られる日までは生きておりません。それを思って泣いたのでございます」

こうしてアシタ仙人は宮殿を退出しました。けれども、とてもそのままではいられなかったのです。仙人は親族の中でせめて誰か、千載一遇《せんざいいちぐう》のこの得難い御縁に会える者は居ないかと考えました。そして甥《おい》のナーラカ（那羅陀《ならだ》）少年が居ることに気づいた仙人は、その足で妹の家に行くと、少年を呼ばせてこう言いました。

「ナーラカよ、この度《たび》スッドーダナ王の所に王子がお生まれになったが、この王子さまは並のお方ではない。私はこのことをどうしてもお前に話して置かなければならないのです。しっかりとよく聞くように。このお方は真実尊い仏の種子でいらっしゃる。今から三十五年後に、必ず御仏と成られましょう。お前はまだ若い。この得難い時に遇《あ》うことができる。人間と生まれてこれに勝《まさ》る幸せはないのです。さあ、たった今出家《しゅっけ》をして、その時をお待ちなさい」

ナーラカ少年は何時《いつ》にない伯父《おじ》の様子に、一言も聞きもらしてはならないと真剣に耳を傾けていました。話が済むと少年は、莫大な財産をものともせず、伯父アシタ仙人の言葉に従って出家を決意しました。そして直《す》ぐに黄色の衣と土で作った鉢を用意させ、髪と鬚《ひげ》を剃《そ》り落としたのです。

こうして真新しい黄衣を身に着けたナーラカ少年は、完全な出家者としての姿で真っ直ぐに立つと、

「私は今、この世で最も尊いお方、類《たぐ》い無き御仏をお待ち申すために、この出家を致します」

と厳粛な面持《おもも》ちで述べ、王子のいらっしゃる方角に向かって合掌し、礼拝をしたのでした。それから土の鉢を持つと修行者としての道を修めるために、ヒマラヤの山中に入って行ったのです。

〈付〉　ナーラカ少年は後、初転法輪《しょてんぼうりん》より七日目に釈尊の許《もと》に行き「ナーラカの道」を説いて頂き、遂に聖者の最高の境地に達して、命終ると共に完全に永遠の真理と一体になったと伝えられています。

5 命名式の日

王子がお生まれになってから五日目、宮殿には四種の香料が塗られ、美しい花々がまかれて、混ぜ物をしないミルク粥《がゆ》を始め、さまざまな御馳走《ごちそう》が用意されていました。「命名式の日」です。

父王は王子の頭を洗わせ、習慣に従って八人の占相術に長《た》け、学識深いバラモン達を招待されました。父王はバラモン達を丁重にもてなして敬意を示され、それから王子の将来を尋ねられました。八人のうち七人までが二本の指を挙げて二通りの予言をしました。

「このような特相を具えておいでになる方が、もしこのまま家庭にお留《とど》まりになれば転輪王となられましょうし、もし出家をなされば仏となられましょう」

こう申し上げてから、世界を支配し、諸王の尊敬を受けて、武力によらず正義によって国々を征服し治《おさ》めて行くという転輪王の、たとえようも無い栄光と繁栄を事細かに述べたのです。

スッドーダナ王にとって、これほど喜ばしく満足な予言はありませんでした。釈迦国はどんなに誇り高く豊かでも、やはり小さな国でしたから、新興の絶大な力を持つコーサラに隷属《れいぞく》していたのです。

ところが八人の中で一番年の若いコンダンニャ（憍陳如《きょうぢんにょ》）という青年バラモンだけは、唯《ただ》一本の指しか挙げず、唯一つの予言しかしませんでした。それは王子がまれにしか見ることのできない特相を、余す所なく完全に具えておいでになるのを見たからです。

「この方が家庭に留まられる訳がありません。この方は必ず出家され、尊い仏と成られて、人々を迷いの海から救い出されましょう」

こう、はっきり言い切ったのです。それはこの青年が過去の御仏の許で誓願を立て、今、迷いの世界での最後の生《しょう》に達していたために、他の七人よりはるかに智慧が勝っていたからなのでした。

コンダンニャ青年は自分が予言をした後、言葉にならないほどの激しい感動の中で、やがて来るその日を思って、心の準備を整え始めていたのでした。

〈付〉コンダンニャは釈尊の最初の出家の弟子五比丘の一人で、五人中、最初に悟った人と伝えられています。

八人のバラモン達の占相は皆終りました。王子は「仏」か「転輪王」になられるというのです。どちらも混迷の中に生きている人々が、切実に待ち望んでいた救世主です。

王子はシッダッタ（悉達多）と命名されました。「目的を完成した者」という意味を持つ、めでたいお名前です。

けれども父王のお心にはアシタ仙人の予言以来、くすぶり続けている大きな不安がおありになりました。それは「仏」となられることでした。コンダンニャもまたそれを断言しました。父王にとってシッダッタ王子は何と言っても唯一人の後継《あとつ》ぎです。しかも絶大な栄光と繁栄に輝く「転輪王」にもなられようという方なのです。

父王は何としてでも「出家」だけは阻止しなければと心に固く決められました。そこで王子が出家される動機となるものは何であるかを尋ねられたのです。それは「老人・病人・死人・出家者」の四つの人間の姿を御覧になることでした。

王はその場で命令を下されました。

「以後、いかなる揚合にも『老人・病人・死人・出家者』を王子の目にふれさせてはならぬ」

それから直ぐ、四方に見張りを立てられたのでした。

次に父王はこのかけがえの無い王子のために、ずば抜けて美しく、授乳のために最も適した、中肉中背で、色は白からず黒からず、乳房の垂れ下がっていない、甘いお乳の出る、さらに賢くて心優しい婦人達を特に選んで、乳母《うば》としてお付けになりました。

王子はいつも限りない栄光と豊かさと優しさに包まれておいでになりました。不幸は唯一つ、王子がお生まれになってから七日目に、母妃がこの世を去っておられたことです。けれどもそれを補うかのように、新しい王妃、母上の末妹マハーパジャーパティー（摩訶波闍波提《まかはじゃはだい》）が、一途《いちず》な深い愛情で王子を見守り続け、健《すこ》やかに育てて行かれたのでした。

6 閻《えん》浮《ぶ》樹《じゅ》の下で

日に日に大きくなって行かれるシッダッタ王子の輝くような美しさ気高《けだか》さは、天上の童子としか言いようがありませんでした。その上、王子には、ふしぎな力が備わっておいでになったのです。それはまるで転輪王を思わせるようなものでした。王子がお生まれになってからというもの、王家の富はいよいよ豊かに増すばかりでしたし、いつの間にか国中の人々が恨《うら》みや怒りの心をすっかり忘れて、穏《おだ》やかに平和に暮らすようになっていたからです。

また王宮では父王をはじめ主《おも》だった人々がそれぞれ王子のために、これ以上の物は無いと思われる宝石や宝珠を使って立派な装身具を念入りに作らせていましたが、どんな豪華な物でも王子がそれを身にお付けになると、たちまち位《くらい》負《ま》けして昼の螢《ほたる》のように光を失ってしまうのでした。それほどシッダッタ王子には底知れぬ徳の光が秘められていたのです。

やがて時が来て、王子は父王の選ばれた当代切っての学問の先生、武芸の先生について、帝王として必要な一切の学問・技芸・武技百般を学ばれることになりました。ところがこの時にも、王子は総《すべ》てをはやばやと習得しておしまいになるばかりか、時にはまるでずっと以前からそれを心得てでも居られたように、すばらしい能力を発揮して、二人の先生を驚かされたのです。

こうしたある日、「種蒔《たねま》きの儀式」が行なわれることになりました。地味豊かな土地を持ち、農牧を中心として栄えていた釈迦国は「浄飯王」のお名前が示すように、ことに稲の実りの豊かな国でした。それだけにこの儀式は国を挙げての大切な行事の一つだったのです。

その日、都はまるで天人の宮殿のように清らかに美しく飾られていました。下働きの人達も一人残らず真新しい衣服に香や花環で身を飾って王宮に集まったのです。

一方、王が仕事をなさる耕作地には、一千挺《ちょう》の犁《すき》が曳《ひ》き牛につないでありました。そのうちの百七挺は曳き牛や手綱《たづな》まですっかり銀で飾ってありましたが、王が手に取られる犁は一段と輝く黄金で飾られ、曳き牛の角《つの》も手綱も総てが同じ黄金で飾られていました。

王は沢山のお供を従え、王子を連れてお出掛けになりました。そこには一本の閻浮《えんぶ》の樹が高々と生《は》えていましたが、丁度葉が茂っていて、ゆったりとした円い影を地上に落としていました。王はこの樹の下に王子の臥床《がしょう》をしつらえさせ、上に黄金の星をちりばめた覆《おお》いを付けさせると、回りに幕を張り巡らせて番人を置きました。何と言っても王子にはどんな時にも少しの障《さわ》りも無いように、暑さ寒さは言うに及ばず、塵一つ、草一本、夜露の一滴さえふれさせないように、昼夜を分かたず細心の注意が払われていたのですから。こうして置いてから父王は、王者たるにふさわしい立派な身の飾りを付け、廷臣達を従えて犁入れの場所へ出て行かれたのです。

王は黄金の犁を手に取られ、廷臣達は銀の犁を、農夫達は残りの犁を手に取って、最初に王が、そして廷臣達が、次いで農夫達があちらこちらと動き回り始めました。王は往ったり来たりして犁を動かしながら、掘り起こされたばかりの新鮮で豊かな土のにおいをかぎ、百人を越す廷臣達や大勢の農夫達がめでたく今日の儀式を進めているのを見て、言い知れぬ幸せを感じておいでになったのです。

その頃、王子に付き添っていた乳母達は、何としても華やかな外の様子が気になってなりません。「王さまの栄《は》えのお姿をぜひ一目拝見しなくては」とばかり、とうとう一人残らず幕の中から出て行ったのです。

さて、シッダッタ王子は当然ながら生まれつき人並みはずれた鋭い頭脳と感性を、一身に兼ね備えておいでになりました。ですからどんなに父王が王宮の園丁に厳しく言いつけて、しおれた花や枯れた木を取り除かせ、王子の目に入らないようにしておいでになっても、多分、王子は思わぬ所に懸《か》かっていた蜘蛛《くも》の巣や草の葉先、枝の梢《こずえ》に光っていた露の玉が、次には跡形《あとかた》も無く消えて無くなっていることを、決して見のがしてはおいでにならなかったはずです。それどころか、それについて深く考えを推し進めて行かれたに違いありません。王子はお体も余り強い方ではなかっただけに、物事を静かに見つめ、徹底して考えられるという傾向をお持ちであったようです。それだけに集中力は特に抜群でした。

この時も辺《あた》りに誰も居なくなったことに気付かれると、急に両足を組み合わせてお坐りになりました。それからまるで長年修行を積んで来た人のように、出入りの息に心を集中させると、そのますっと無心の境地に入ってしまわれました。王子にとってこれは初めての大きな経験でした。

こうして王子が禅定《ぜんじょう》に入っておいでになる間、閻浮樹もまた影を少しも動かさず、そのまま円を描いて静止していたのです。

盛大な行事に見とれ、その日のごちそうを食べることに気を取られてうっかり時を過ごしすぎた乳母達は、王子が一人でいらっしゃることに気が付くと、あわてて皆で引き返して来ました。ところが幕の中へ入ろうとした乳母達は、思わずその場ではっと立ち止まってしまったのです。幕の中ではシッダッタ王子が、臥床《がしょう》(ベッド)の上に端然と足を組み、身じろぎもせずに坐っておいでになりました。

一同はそっと幕から離れると、無言で周囲を見回して二度驚きました。よく見ると、他の樹の影は揺れ動いているのですが、王子の坐っておいでになる閻浮樹の影だけは少しも動いていないのです。それは言いようのない畏《おそ》れを乳母達に抱かせました。皆は足音をひそめるようにして王の所へ行くと、王子のこと、閻浮樹の影のふしぎさなどを事細かに報告したのです。

これをお聞きになった王は急いで閻浮樹の所へ来られ、影のふしぎさを確かめられましたが、幕の中に入って王子の禅定に入っておいでになる立派なお姿を御覧になると、

「王子よ、いとしい王子よ、父はそなたを再び礼拝致しますぞ」

こう言って父王は恭しく御子であるシッダッタ王子に礼拝をされたのでした。

この時、王子は七歳であられたと申します。

7 王子と父王と

父王の胸の底には絶えず王子が「仏」への道に向かわれるのではないか、「出家」をしてしまわれるのではないかという不安が、重い鉛《なまり》の固まりのようにずっしりと沈み込んでいました。ともすれば物思いにふけりがちな、心のきめの余りにも細かい王子の姿は痛々しいばかりで、その都度思い出されるのがアシタ仙人とコンダンニャの一言一言に万感の思いをこめた、あの予言だったのです。それだけではありません。王御自身、二度までも御子であるシッダッタ王子を思わず礼拝しておいでになったのですから。一度目はお生まれになって間もなくアシタ仙人が王宮に来た時でした。二度目は閻浮樹の下で――。王子は確かに並みの方ではありませんでした。それをよく知っておられた父王は、何とかして王子の心をこの世での楽しさ快《こころよ》さに向けようと一生懸命だったのです。

目に映る王宮の池には美しい色とりどりの蓮華をふんだんに植えさせ、王子のためには香りの良いカーシー（カシミール地方）産の梅檀香《せんだんこう》だけを使い、王子の身に着けられる衣類は上から下まで、これまた総てカーシー産の、中でも最高級の絹など、豪華で肌ざわりの良いものばかりが選ばれていました。太陽にも風にも

露にも当てないよう、王子の上には常に白い傘蓋《さんがい》がかざされていましたし、召し上がり物はそうでなくても大層豊かなこの国のことでしたから、王子のためには特に新しい材料で注意深く、おいしい食事やお菓子が用意されていたのです。

こうして文字通り掌中の珠としてお育ちになった王子も漸《ようや》く十六歳になられました。父王は王子のために三つの宮殿をお建てになったのです。それは冬と夏と雨季のためのものでした。一つは九階建て、一つは七階建て、一つは五階建てのいずれ劣らぬすばらしいものばかりでしたが、この宮殿で王子は四万人の美しい舞姫達にかしずかれておいでになったのです。

その頃、十六歳は結婚適齢期でした。父王は一日も早く王子に家庭を持たせたいと、強く願っておいでになりました。人間にとって恩愛《おんあい》のきずなほど、断ち難いものはありません。そこに父王の祈りにも似た思いがつながっていたのです。

やがて清らかで美しく、賢いいとこのヤソーダラー（耶輪陀羅《やしゅだら》）姫がお妃として迎えられることになりました。王子の生活は、さながら天上の世界をそのまま地上に移しでもしたように、限りなく華やかでぜいたくなものであったと申します。王子が楽しまれるように、満足されるように、それは父王のお心遣いでもあったことでしょうが、何よりもお仕えしている者達がそうせずにはいられなかったからでした。王子のこの上もなく優しい、思い遣《や》り深いお心が、皆の胸に温かく伝わって来ていたからなのです。

ことに四か月もの間続く雨季などには、天人のような美女ばかりが華のように装《よそお》いを凝《こ》らし、金の輪・銀の輪を手首に、繊細な作りの耳飾りをかすかに揺らしながら、控え目に音楽を奏でていたのです。物憂《ものう》いばかりにゆるやかな、時として情熱を秘めた調べは王子の耳を傾けさせ、それに合わせて、たおやかに踊る舞姫達の優雅な姿は、王子の目を十分に楽しませてもいました。王子は一歩も御殿から下りずに長い雨季を過ごされたと申します。

　このようにして三つの宮殿は、それぞれが最も快く最も眺めの美しい季節に王子を迎えて、歌舞音曲と火影との雅《みやび》やかな天上絵巻を繰り広げていたのでした。

　そんなある日、父王からのお召《め》しがありました。父王にとって王子は何時、如何なる時にも光を失うことのない摩尼宝珠だったのです。

「王子よ、いとしい王子よ。そなたの親族どもがこんなことを申しておるのじゃ。『シッダッタは何一つ技《わざ》を学ばず、遊びにばかりふけっている。戦《いくさ》でも起こった時には何とするつもりだろう』とな。そなたはここでどうするのが一番良いとお考えかな」

　父王の声はこんな時にも温かく王子を包んでいました。釈迦族は何分にも勇武の誉《ほま》れ高い武士王族で、平和な生活こそしてはいますが、武術に勝れ、特に弓術にかけてはずば抜けた力を持っていたのです。中には名人と言われる人もありました。ですからこうした人々の目には、シッダッタ王子のいかにも優雅な暮らしぶりや物静かな態度は、このようにしか見えなかったのでしょう。

　けれどもそれは言うまでもなく全くの見当違いでした。それどころか王子は、どれほど豪華でぜいたくな生活をしておいでになっても、そんなことに心を奪われたり、ましてやおぼれたりできる方ではありませんでした。だからこそ父王の不安がどうしてもぬぐい去られなかったのです。しかも王子にはいつも、この世の尺度では計ることのできないふしぎな力が備わっています。王子は落ち着いて答えられました。

「父上、お案じ下さいますな。私には技を学ぶ必要など全くございません。今日から七日目、王宮の庭でその方々に私の技をお見せしましょう。この事を太鼓をたたいて都中にふれ回らせて頂きとうございます」

父王はこれをお聞きになると早速、王子の言葉通り手配をなさいました。驚いたのは親族の人々です。（まさかあのシッダッタが――）と信じられない面持ちだったのです。

王子の方は、やはり弓術の技で力を示すのがよかろうと、国中から弓の名手を集めさせました。電光のように射る者、髪の毛をも射る者、音をあてに射る者、声をあてに射る者など、自信満々の面々です。都はたちまちこの話で持ち切りになってしまいました。いよいよその当日、まずは名手達が次々に弦音《つるおと》も鋭く自慢の技を披露して行きます。早くから集まっていた大勢の人々は、その度《たび》に興奮して叫んだり、ため息をついたり、大騒ぎをしていました。けれどもやがて最後にシッダッタ王子が皆の前に姿をお見せになると、親族の人々はもちろんのこと、誰も彼もが余りの事に目を見張ったまま、完全に言葉を失ってしまいました。

王子は、まるで若く美しい龍王のような凛々《りり》しさで、全身くまなく武装して、羊角製の弓に珊瑚《さんご》色の絃を張り、箙《えびら》を背に、刀を左に差し、尖《さき》に金剛の付いた鉄杵《しょ》を手にして立っておいでになったのです。

射手の中から電光のように射る者、髪の毛をも射る者、音をあてに射る者、声をあてに射る者の四人を選ばれた王子は、造らせて置いた真四角な仮小屋へお入りになりました。そこで四人をそれぞれの角《かど》に立たせ、各々に三万本ずつの矢を配られたのです。こうして置いて王子は小屋の真ん中に立ち、「私に向かって一斉に矢が無くなるまで射るように」とお命じになりました。けれども、さすがに四人の名手にはそれができませんでした。すると王子は今一度「大丈夫だから、さあ、一斉に私を射よ」と再びお命じになったかと思うと、四方から立て続けに飛んで来る矢を、目にも止まらぬ早さで鉄杵をふるいにふるって、みるみる中《うち》に十二万本の矢を、それも全部同じ方向に、羽は羽、鏃《やじり》は鏃という風にきちんと積み重ねて打ち落としておしまいになったのです。これは「矢よけの法」という技でした。

次は「車輪貫《ぬき》」の技です。王子は今度は四角《よすみ》に四本の芭蕉《ばしょう》を立てさせ、鉄杵に赤いひもを結び付けると、それを矢にして、はっしとばかり一本の芭蕉に向かって打ち込まれました。鉄杵はそれを射抜くと二本目、三本目、四本目、そしてまた最初に射抜いた王子の手に還《かえ》ったのです。これで芭蕉は一本のひもでつながってしまったのでした。人々はただ呆然《ぼうぜん》としてこれを見ていました。

王子はこの他にも「矢杖の技」・「矢綱の技」・「矢の組ひもの技」をお見せになり、「矢の御殿」・「矢の仮屋」・「矢のはしご」・「矢の蓮池」まで作り、「矢の蓮華」を咲かせると「矢の雨」を降らせてお見せになりました。総て誰も知らない技ばかりでした。それだけではありません。非常に厚い木の板・金属の板などを七つまで射抜くなど、その技は尽きる所を知らなかったのです。

親族の人々は驚嘆するばかりでした。いさぎよく前言の非礼を詫《わ》び、改めて王子の非凡さに舌を巻いたのです。

この時、父王の慈顔には、王子への果てしない思いが、喜びと安堵《あんど》の中で夕焼けの雲のように流れていたのでした。

8　四門出遊

ある日のことです。シッダッタ王子は遊園に行こうと、馬車の用意をお命じになりました。王子のためには、いつも最高のものが用意されます。豪華な車が念入りに飾られ、それを引くシンドウ産の四頭の馬は、白蓮のはなびらの色をした国王用のものでした。

王子は大勢の家来を従え、香り立つようなみずみずしさ美しさに輝きながら、都の東の門から出て行かれました。その道筋は父王の命令で注意深く清められ、ことに王子の出家をうながす動機になるようなものは、手抜《てぬ》かりなく取り除かれていました。

ところが一方、天人達はいよいよシッダッタ王子が、仏としての悟りを開かれる時節が近付いて来たというので、前兆をお見せしようと、一人の天子を見るからに痛々しい老人の姿にして、道の途中に立たせて置いたのです。その老人はぼろぼろに歯が抜け、髪は白く、皺《しわ》だらけのくたびれ果てた体を前かがみにして、杖を頼りに、わななき震えながら、やっとの思いで半歩ばかり歩いて、立ち止まっていました。ただし、この姿は王子と御者《ぎょしゃ》の二人だけにしか見えなかったのです。

生まれて初めてこのような姿を御覧になった王子は、ひどく驚いて御者にお尋ねになりました。

「御者よ、この人はどういう者なのか。髪も体も、総てが他の人とはまるで違っている。わななき震えて生気なく、まるで朽ち木のように杖にすがって立っているが――」

この時、天人の力が働いて、御者はすらすらと答えました。

「王子さま、老人と言われる者でございます」

「御者よ、何故あの者は老人と言われるのか」

「王子さま、それは年を取っているからでございます。もうあの者は、それほど長く生きてはいられないことでしょう」

「御者よ、私もまた年を取り、若さを失って、老いて行くのであろうか――」

「王子さま、あなたさまも私も、総て皆、やがては老いて行くのでございます。老いを免《まぬが》れることは、誰にもできません」

王子はこれをお聞きになると、（生まれたものに老いが必ず来るとすれば、実に生まれることは禍《わざわい》である）と大きな衝撃に胸をつまらせ、そのまま引き返して宮殿に上がっておしまいになりました。

王子の帰りが余りにも早いのを案じられた父王は、すぐに御者を呼んで、詳しく訳《わけ》を尋ねられました。御者は一部始終を報告し、このために王子は出家を思い立たれるのではないかと申し上げました。王は「余の寿命を縮めるつもりか！」とおっしゃりながらも、ただちに舞姫達の仕度《したく》をお命じになり、同時に王子のための見張りの人数を増やされました。果てしない栄華と栄光の中で幸せを感じている間は、王子も出家への心は起こすまい――というのが父王の願いでもあり、せめてもの気休めでもありました。

ところがまたある日、王子は遊園へ行きたいとお思いになりました。行列は今度は南の門から出て行きました。天人達は前と同じように、王子と御者にしか見えない病人の姿を道端に作り出していたのです。苦しさにうめき、身をよじらせ、濁《にご》った目を時々開けて宙を見ている病人は、自分の排泄物の上に倒れていました。助けに来た人の手で運び去られるまで、王子は食い入るようにその姿を見つめておいでになったのです。御者に尋ねて、これが病人というものであり、病気に軽重の差こそあれ、誰もが罹《かか》る免れがたいものであることを知られた王子は、沈鬱《ちんうつ》な表情でそのまま引き返されると、その日も宮殿に上がっておしまいになりました。

父王はまた、前と同じように案じられ、同じように指図をなさって、見張りをさらに増やされました。

次いでまたある日のこと、王子は三度《みたび》華やかな行列を整えて、この時は西の門から出て遊園へ向かわれました。天人達は葬列を作って待っていたのです。もちろん、王子と御者の目にしか見えません。声を上げ、胸を打って嘆き悲しむ人々と、かつがれて行く輿《こし》の上の物言わぬ物体のような死人との対比は余りにもかけ離れていて、異様としか言いようがありませんでした。王子はまた何時ものように御者に尋ねて、これが死人というものであり、命あるものは必ず死ぬ、それが自然の姿であることを知られたのです。王子はこの日もそこから馬車を返すと、黙って宮殿に上がっておしまいになりました。

王子には、今まで全く隠されていた人生の真相、物の本質そのものがぐいぐいと見えて来て、人生はまさに苦そのものであると、その一点に思いを凝《こ》らしておいでになったのです。

父王は、やはり前の二回と同じように案じて御者を呼ばれ、事情を聞かれると、懸命になって、王子を楽しませるためにお心を砕かれました。見張りの数はまたさらに増やされたのです。

こうしたある日、王子はまたもや遊園に行こうと、豪華な車に乗って、供回りも賑々《にぎにぎ》しく北の門から出て行かれました。この時、天人達は、整然と上・下の衣を身に着け、落ち着いて静かに歩いて来る、清らかな出家者の姿を王子と御者の前に見せたのです。王子は、はっとした面持ちで美しい目を輝かせ、御者に、この人はどういう人かとお尋ねになりました。御者は知らなかったのです。けれども天人の威力で、

「王子さま、これは出家というものでございます」

と答えたばかりか、出家の功徳まで述べたのです。王子は出家ということに非常な強さでお心を引かれておいでになりましたが、まるで固い苦しい結び目が胸の中でゆるみ始めたとでもいうように、その日は気持良く遊園で一日を過ごされました。この間に、お心は次第に定まりかけていたのです。

やがて美しい蓮池で沐浴された王子は、太陽が沈んだ時、最高最上の香や衣類や装飾品で身を飾られました。これが王子としての最後の装いになったのです。天からは技に巧《たく》みなヴィッサカンマ（毘首羯磨《びしゅかつま》）が遣《つか》わされて、王子の頭を整えました。

楽人達の奏《かな》でる音楽、人々の称賛の声の中で、王子が立派に飾られた馬車に乗られた時、「男子御出産」の報が届いたのです。初めての御子さまでした。王子には親子の情愛が痛いほどお分かりになるだけに、出家への深い思いを内にして、思わず、

「ラーフラ（羅睺羅《らごら》）が生まれた。縛《しば》りが生じた」

と言われました。この初めのお言葉だけを耳に留めて帰った廷臣の報告で、父王はラーフラ王子と命名されたのです。

さて、栄光と威厳と華麗さを一身に集めたシッダッタ王子の行列が都に入った時、王族の乙女キサーゴータミーが、立派な高殿《たかどの》の露台から、都を右曲りに練って行かれる王子を見て、感動の余り、「その母は実に幸福です。その父は実に幸福です。そのような夫を持つ婦人は実に幸福です」と歌うように称《たた》えました。これには愛の気持がこめられていたのでしょうが、王子の心はすでに煩悩を離れた真実の静けさに向けられていましたから、この「幸福」という言葉を、真実の静けさから来るものという意味に取られ、この女性は良い事を聞かせてくれた、今こそ私は出家して迷いの火を吹き消し、揺るぎない安らぎの境地を求めねばならないと、出家への決心を、この時はっきりと固められたのです。

王子はこの御礼に、非常に高価な首飾りをはずして乙女に贈られました。けれども乙女は、それを愛のしるしだと思っていたようでした。

こうして王子は御自分の宮殿に帰られ、臥床に身を横たえられました。すると、天女のように美しく、あらゆる装身具で身を飾り、歌舞音曲に優れた婦人達が、それぞれ楽器を手に、慎《つつ》ましく淑《しと》やかに王子を取り囲み、流れるような優雅さで、王子のために音楽を奏で、歌い踊りはじめました。ところが今の王子には、そうしたものへの関心が全くおありになりません。それにお疲れもあったのでしょう。いつしか眠っておいでになったのです。

これに気の付いた婦人達は、王子が眠っておしまいになったのでは……と、思い思いに楽器を放り出し、慎しみも淑やかさも優雅さもかなぐり捨てて寝てしまいました。香りの良い油燈《ゆうとう》だけが変わらず静かに灯《とも》っていました。

しばらくして目覚められた王子は、臥床の上に両足を組んで坐られると、婦人達が楽器を放り出し、いぎたなく眠りこけている姿を眺められました。よだれで手足をぬらしている者、歯ぎしりをしている者、いびきをかいている者、寝言をいう者、口を開き、衣類をはだけ、気味の悪いかくし所まで出している者……これがあの同じ婦人達かと、余りの醜《みにく》さ変わり様の激しさに、王子はますます欲望の世界から離れたいという思いを強くされました。

今や王子にはこの豪華で美しく、贅《ぜい》の限りを尽くした高殿も、縦横に突き刺されたさまざまな死骸《しがい》がごろごろと転がっている墓場にしか見えませんでした。人間の愚かな欲望が生み出す果てしない苦しみの炎、その炎でこの迷いの世界は、ごうごうと音を立てて燃え上がっている――、改めてそう実感された王子は、

〔今日、私は総てを捨てて、大いなる出家をしよう〕

と決断を下されたのでした。

第二編　王子の出家

9 王子出城

王子は立って戸口まで行かれると、敷居に頭をつけて寝ている御者のチャンナ（車匿《しゃのく》）に声をかけられました。チャンナは王子がお生まれになると同時に、この世に出現したといわれる菩提樹・ヤソーダラー姫・馬のカンタカ（乾陟《かんちょく》）等七つのものの中の一つでした。王子はこのチャンナに出家の決意を告げられ、そのための馬の用意をお命じになったのです。

チャンナは整えた馬具を持って馬屋に入り、（今日はこの馬でなければならない）と、全身真っ白な駿馬《しゅんめ》カンタカを優《やさ》しくなでると、心をこめて馬具を付けはじめました。カンタカは馬具を付けられながら、付け方が平生《へいぜい》と違ってしっかりとしている上に、チャンナが一途に何かを念じているのが指先から伝わって来るので、（私の王子さまが、今こそ大出家をなさるに違いない）と知って、喜びの余り一声高らかにいななきました。その声は都中に響きわたるはずでしたが、天人達がそれをさえぎって、誰の耳にも入れなかったのです。

王子は出立の前、（一目子供を見て行こう）と、寝室の扉をそっとお開けになりました。その瞬間、部屋の中の香りの良い油燈がぽっと点《とも》って、辺りを照らし出しました。お妃はスマナやマツリカなど白く芳《かぐわ》しい花々をふんだんにまき散らした寝床の上で、手を御子の頭に当てたまま、安らかに眠っておいでになります。

王子は敷居の上に立って考えられました。（私が子供を抱き上げれば、必ず妃が目を覚まし、それは出家の妨《さまた》げとなろう。仏と成って後、再びここに来て会うことにしよう）と。

王子は宮殿を下りられると、愛馬カンタカに乗り、チャンナに尾を握らせて城門に向かわれました。天人達はカンタカのひずめの下に掌《てのひら》を置いて足音を消し、王子達は無事、真夜中に都の大門に着かれました。その大門は王子の出家を案じられる父王の命で厳重に守られ、二つある扉の一つを開くにも千人の男の力が必要だったのですが、この門に住んでいる天人が、すっと扉を開けました。

その瞬間です。魔王が空中に姿を現わし、

「王子よ、門から出てはいけません。今から七日目、あなたはこの世で最高の栄誉と富貴《ふうき》に輝く転輪《てんりんじょう》聖王《おう》になられましょう」

と言って、王子の決心を覆《くつがえ》そうとしたのです。けれども王子は決然として答えられました。

「魔王よ、私に地上の王権が何になろう。私の行く道は唯一つである。必ずや至上の悟りを開いて、仏と成るであろう」

完全に敗北した魔王は姿を消しましたが、この時以来、影のように王子から離れず、成道されるまで、つけ入るすきを窺《うかが》い続けていたのです。

さて、王子を乗せた白馬カンタカは、都の大門から走り出すやいなや、たちまちカピラワッツの都をはるかに後にしていました。この時、王子は心の中で（もう一度都を見たい）と思われました。すると、いきなり地面が割れて、ろくろのように回り、カンタカも王子を乗せたまま地面もろとも転回して、王子は都に向かって立っておいでになったのです。

満月の夏の夜空の下で静かに眠るカピラワッツの都をしばし眺められた王子は、再び疾風のように前進して行かれました。この時、天人達は松明《たいまつ》で昼間のように辺りを照らし、天上からは芳《かんば》しい花や花輪や香が降り、沸き上がる天の合唱・天の音楽が響きわたって、シッダッタ王子の大いなる出家の門出を祝ったのでした。

こうした中で、一夜のうちに三つの王国を走り過ぎ、三十由旬《ゆじゅん》（一由旬は約十二キロメートル）ほど離れたアノーマー河の辺《ほとり》に着かれた王子は、さらに一躍して向こう岸に立たれました。そしてカンタカから下りられると、河原に立ってチャンナに言われました。

「チャンナよ、おまえは私の装身具を持ち、カンタカを連れて帰りなさい。私は出家をする」

「王子さま、私も出家をしとうございます」

けれども王子は、どうしてもお許しにならず、装身具とカンタカをチャンナに渡されました。

次いで、王子は御自分の髪が修行者にふさわしくないとお考えになり、右手に剣を取り、左手に冠と宝珠のついた髻《もとどり》を一緒につかんで、すっぱりと切っておしまいになると、それを空高く投げ上げられ、

「もし私が仏と成ることができるなら、空中に留まれ。さもなくば地上に落ちよ」

と言われました。すると、その二つは一由旬の高さの所で空中に留まりました。帝釈天王が、一由旬の大きさの宝の函《はこ》の中にそれを納め、須弥山《しゅみせん》の頂上にある三十三天の住処に、〈宝珠の髻の霊廟《れいびょう》〉として安置したのです。

その次に、王子は身に着けておいでになるカーシー産の衣服も、修行者にふさわしくないと考えられました。すると、前世での友人であり、篤《あつ》い友情を持ち続けていた梵天のガティーカーラが現われて、修行者に必要な八つの資具――三枚の衣・鉢・剃刀《かみそり》・帯・針・水漉《みずこ》し――を献じました。それを受けられた王子は、仏の旗印である衣服を身にまとい、最上の出家の姿となって、チャンナにおっしゃいました。

「チャンナよ、ありがとう。御両親に私の無事であることをお伝えするように」

そのお声はどこまでも静かで温かく、そのお姿は崇高としか言いようのない、清らかで尊いものでした。チャンナは感動で身を震わせ、両眼を涙でいっぱいにして、我知らず合掌《がっしょう》を捧げていましたが、やがて改めて深々と礼拝すると、一歩一歩に心の限りをこめて右回りの礼を終え、カンタカを連れてその場を立ち去ったのでした。

けれども側に居て、これを聞いていたカンタカは、二度と御主人にお目にかかることができないことを知ると、悲しみに耐え切れず、お姿が見えなくなると同時に、胸が張り裂けて死んでしまいました。……カンタカはそのまま三十三天の住処に、カンタカという名の天人になって生まれたということです。

チャンナは、王子との別れだけでも自分を支えるのがやっとでしたのに、カンタカにまで死なれて、もう自分を抑《おさ》えることができず、声を限りに泣きながら、カピラワッツの城に入って行ったのでした。

⑩　正覚への道

⑴　菩薩とビンビサーラ王

今や、二十九歳で世俗のすべてを捨て、三衣《さんね》一鉢《いっぱつ》のすがすがしい出家の境界《きょうがい》に入られたシッダッタ王子は、まっしぐらに正覚《しょうがく》への道を突き進んで行かれます。もう王子とお呼び申すより、「菩薩《ぼさつ》」または三十二相をあます所なく具《そな》えておいでになる偉大な人間という意味で、「大士《だいじ》」と申し上げる方がふさわしいのではないかと、これからはこの物語でも、そのようにさせて頂くつもりです。

さて、出家としての第一歩を踏み出された菩薩は、近くのアヌーピヤ（阿奴夷《あぬい》）というマンゴー林で七日の間、出家の楽しみを受けられた後、直ちにマガダ（摩掲陀《まがだ》）国の首都・王舎城《おうしゃじょう》に向かわれました。この時、菩薩は三十由旬《ゆじゅん》という長い道を徒歩で進まれたと申します。

ガンジス河を渡って、当時最大の強国であり、すべてが新しい息吹きの中で生き生きと繁栄していた新興マガダ国の首都王舎城に入られた菩薩は、戸毎に托鉢をなさいました。ところが、そのお姿の余りの気高《けだか》さ、身についたおかしがたい威厳、それにもまして並外れた容姿の美しさに、都の人々は驚きを通り越して、畏《おそ》れをさえ抱いてしまいました。

さあ、都の中は大騒ぎです。王の家来はあわててこの事を注進しました。

「王さま、こういうものが都で托鉢を致しております。それは天神なのか人間なのか、龍なのか金翅鳥《こんじちょう》なのか、それとも、もっと違った何かであるのか、私達には分からないのでございます」

王は高殿の露台に出て、托鉢をして歩かれる大士を御覧になるなり、心の底から驚嘆して、すぐさま役人達に命じられました。

「皆の者、急いで行け。行って調べよ。彼がもし妖怪《ようかい》であるならば、都を出て消え失せるであろう。もし天神であるならば、空を飛んで行くであろう。もし龍であるならば、地中にもぐって行くであろう。もし人間であるならば、得ただけの托鉢食を食べるであろう」

その底知れぬ力を内に秘め、静かに正しく歩を運ばれる様子は、何としてもただ者ではなかったからです。

一方、大士は混ぜ合わせた食べ物を集めて「これだけで私の命を保つには十分である」と知り、入った門だけを通って都から出て行かれると、パンダヴァ（般茶婆《はんだば》）山の陰で東に向かって坐られ、食事を摂《と》り始められました。けれども一口食べられただけで、菩薩の内臓はひっくり返らんばかりの反応を起こしてしまい、食べ物は今にも口から飛び出しそうになりました。何分にも、このような食べ物は生まれて初めて御覧になる、形容しがたい、その上ひどい味の物だったのですから。

けれども菩薩は、そんな御自分を厳しく誡《いまし》められました。（自分があれほどまでに望んだ出家の生活、托鉢の生活ではないか。それを何たることだ……）と、菩薩は強い意志の力で内臓をぐっと落ち着かせると、何事も無かったかのように泰然として、残らずそれを召し上がったのでした。

菩薩の後を追っていた家来からこの報告を受けた王は、急いで車を用意させ、都の門を出てパンダヴァ山に向かうと、やがて車から降り、徒歩で菩薩のお在《い》でになる所まで行きました。改めて大士を間近《まぢか》に見た王は、まれに見る端麗な容貌、大きく清らかな体、挙措《きょそ》動作の言いようもない高貴さに、いよいよ信頼と尊敬の念を深めるばかりでしたが、これが菩薩と、今をときめくマガダ国王ビンビサーラ（頻婆沙羅《びんばしゃら》）との最初の対面となったのです。王はこの人が自分に協力をしてくれたならと、どれほど願われたことでしょうか。

「私はあなたにどのような財物でも差し上げましょう。象軍を先頭とする精鋭な軍隊をもお任せしましょう。どうか、あなたのお生まれをお聞かせ下さい」

と、一切の主権を譲り渡さんばかりの気の入れ様で話されました。菩薩は率直な言葉で王の問いに答えられましたが、

「私は王族の家柄から出家したので、世俗の欲に望みは全くありません。私は最高の悟りを求めて出家した者です」

と言われるばかりです。どんな言葉も、その堅固な意志を変えることができないのを知られた王は、

「あなたは必ずやお悟りを開いて、尊い仏と成られましょう。その時には、まず最初に私の国にお出《い》で下さい。そして私と会って頂きたいのです」

と懇願して約束をされました。お二人は年齢もほぼ同じくらいであり、共に王族の出でもありましたから、直感的に相通ずるものを感じておいでになったのかも知れません。

後、仏が成道されると間もなく、ビンビサーラ王は仏教に帰依し、仏教最初の精舎である竹林精舎《ちくりんしょうじゃ》を建立されたのです。

(2)　六年間の苦行

菩薩は王舎城からアーラーラ・カーラーマ仙人の許《もと》に行って、伝統的なインドの禅定《ぜんじょう》を学ばれ、無所有処《むしょうしょ》という、何もない、何物にも執着しない無一物の境地に、間もなく達してしまわれました。しかし菩薩は、これにあきたらず、さらにウッダカ・ラーマプッタ仙人の許で、当時インドの中心的禅定とされていた悲想《ひそう》非非想処《ひひそうじょ》、あると言えばある、ないと言えばないという、ほとんど意識のない、一種の無念無想の最高の境地に、これも短い間に達しておしまいになったのでした。

二人の師は共に第一級の禅定家でしたが、菩薩はそれぞれの師と同等、もしくはそれ以上の境地に到達して、師を驚かせ、尊敬の念をさえ抱かせておいでになったのです。けれども、これらが何《いず》れも真の悟りに至る道でないことを知られた菩薩は、遂に、当時、禅定と並んですぐれた修道方法とされていた苦行に入られました。

菩薩は王舎城の西方、尼連禅河《にれんぜんが》のほとり、ウルヴェーラー地方のセーナー村に近い苦行林に移って、それこそ命懸《いのちが》けの苦行を始められたのです。心の平静を得、悟りの境地に至るために役立つと思われるものには、勇猛果敢《ゆうもうかかん》に身命をなげうって飛び込んで行かれました。そのすさまじさには、とても人間業《わざ》とは思えぬものがある一方、何時もそこには、すべての生き物に対する、また一人々々の人間に対する限りない「慈《いつく》しみの心」が温かく流れていました。施《ほどこ》しを受けられる時にも、道を歩かれる時にも、その心遣いは実に綿密を極めていたのです。

　丁度この頃、かつて菩薩の命名式の日、「仏と成られる」予言をしたコンダンニャを中心に、その時同席していたバラモンの中の四人の息子が、菩薩の出家を機に自分達も出家をし、五人一群となって村や町、王の都などを托鉢《たくはつ》して回っていましたが、ここに来て菩薩に巡《めぐ》り合ったのでした。五人の修行者達は「今に仏と成られるであろう」と、苦行に励まれる菩薩の身の回《まわ》り一切の世話をして、六年の間、菩薩を守り仕《つか》えていたのです。

　菩薩は一粒の胡麻《ごま》、一粒のお米だけで一日を過ごされることもあれば、完全な断食に入られることもありました。こんな時には天人達がまず反対し、次には天の滋養素を毛孔から注ぎ入れようとしました。けれども菩薩は、それを拒《こば》まれ、心に決められた通りの苦行を遂行されます。その結果、菩薩はみるみる、やせ衰えて行かれました。

　あの美しく光り輝いていた黄金色の肌は次第に黒ずんで光を失い、偉大な人物の持つ三十二の特相まで、いつしか隠れてしまったのです。また、余りの少食による苦行から、手足はまるで草の節《ふし》のように関節だけが際立《きわだ》ち、臀部《でんぶ》は駱駝《らくだ》の足のように、背骨は紡錘《つむ》をつないだ鎖《くさり》のように凹凸をはっきりと現し、眼はすっかり落ちくぼんで、深い井戸の底に光る水のように、澄んだ瞳の輝きだけが、わずかに生きておいでになることを証明しているという風だったのです。頭の皮はしわだらけになってしぼみ、お腹の皮と背骨はくっついて、用便のために立ち上がろうとされると、その場で頭から前に倒れられ、体をさすろうと掌《て》を当てられると、腐った根と一緒に体の毛が抜け落ちて来る……、それでも止めようとはなさらなかったのです。

　またある時は、息を止める苦行に入って、口・鼻を閉じて坐禅をされました。これは続けるに従って、すさまじい激痛と苦しさの度合が増して行く激烈な苦行で、耳から頭、頭から下腹部、下腹部から全身へと非常な事態を次々に引き起こす、人間の極限をはるかに超えたものでした。これには、さすがの菩薩も、そのまま意識を失って倒れておしまいになりました。

これを見て、菩薩が亡くなられたものと思い込んだ何人かの天人が、そそっかしくも、スッドーダナ王の所に行って申し上げました。

「王さま、御子息がお亡くなりになりました」

父王はこれを聞かれると即座に、

「余《よ》の息子は仏と成ってから亡くなったのか、それとも成らずして亡くなったのか」

と尋ねられました。

「仏にはお成りにならず、大精進に励んでおられたその場処で、倒れてお亡くなりになったのです」

この返事は、父王の愁眉《しゅうび》を開かせました。

「余はそれを信じはせぬ。余の息子が仏と成らずして死ぬということは、絶対に有り得ぬからじゃ」

父王には確固とした自信がおありになったのです。それは、お生まれになったばかりの菩薩に、アシタ仙人が会いに来た日のふしぎな出来事、また「種蒔《たねま》きの儀式」の日、閻浮樹《えんぶじゅ》の下で目《ま》のあたりにされた奇瑞、その二度とも、王は思わず、御子である菩薩に深々と礼拝をしておいでになったからです。

やがて菩薩は意識を取りもどして起き上がられました。先の天人達は再び、王にこの事を報告しました。父王は心の底からにっこりとしておっしゃいました。

「余には疾《と》くからそれが分かっていたぞ」

それにしても、菩薩の苦行はこれだけではありませんでした。体をむち打ち、牛糞や自分の糞尿までのみ込み、墓場で骸骨《がいこつ》を敷いて寝床とし、子供達からつばを吐きかけられ、放尿され、塵をかけられ、耳に木切を入れられても耐えるなど、聞くだに身のすくむような難行苦行の数々を重ねておいでだったのです。

これ程の苦行をした人は自分の前にも同時代にも無く、未来にも無いであろう……と後年、当時を回顧して述べておいでになるのを見ても、想像を絶する苦行であったことが分かります。

唯一つ、このような中で救いとなるのが、苦行中の菩薩を生後七日目に亡くなられ、三十三天に天子として生まれておいでになった母妃が来て励まされたという、深い思いを抱かせるお話があることです。

かくて六年におよぶ激しい苦行の後、これが真実の悟りに至る道ではないことを知られた菩薩は、苦行を捨て、托鉢をして普通の食べ物を摂られました。これによって体力は徐々に回復し、偉大な人物の持つ三十二の特相も元通りに現われて、お体には美しい黄金色が返って来ました。

これを見た五人の修行者達は、菩薩のお心が分からず、(彼はぜいたくになり、精進努力を捨ててしまったのだ)と誤解して、菩薩を見限り、バラモンの修行者達が集まっているバーラーナシーの鹿野苑《ろくやおん》へ去って行ったのでした。

(3) スジャーターの捧げたミルク粥《がゆ》

苦行林を出られた菩薩は、尼連禅河のほとりで独《ひと》り静かに坐禅を組んでおられました。

この時、スジャーター(善生《ぜんしょう》)という裕福な家庭の若い女性が、一本のバンヤン樹の樹神に掛けていた祈願がかなったので、ミルク粥を捧げようと、夜明けから仕度をしていました。この日は菩薩が苦行に入られてから六年経った春五月の満月の日で、いよいよ来るべき日が来ていたのです。

そのために、次々とふしぎな事が起こりました。ミルクを濃く甘く栄養豊かなものにしようと、手数をかけて用意されていた牝牛《めうし》達は、自然にほとばしるようにお乳を出し、煮始《に》めたミルク粥は大きな泡を立てながら右へ右へと回って一滴もふきこぼれず、竈《かまど》からは少しの煙も立ちません。これは四天王《してんのう》が竈の上で番をし、大梵天《だいぼんてん》が天蓋《てんがい》をかざし、帝釈天《たいしゃくてん》が幾つもの松明《たいまつ》を持って来て竈の火に気を配り、辺《あた》りを明るく照らしていたからです。その上、天人達は集められる限りの天の滋養食を全部その中へ投げ込んでいたのです。これこそ最上のミルク粥でした。

ところで、菩薩が仏と成られる日には、十万金の値《あたい》のある黄金の鉢を用意しておかなければなりません。そのせいでしょうか、スジャーターはごく何気なく条件通りの黄金の鉢を持って来させて、それにミルク粥を入れようと、煮ていた容器を傾けました。すると蓮の葉の露が落ちるように、ミルク粥は鉢に入って一杯になったのです。スジャーターはそれに蓋《ふた》をして丁寧に包むと、頭にのせて家を出ました。

片や、菩薩は夢でこの日の成道《じょうどう》を予知され、夜が明けると身支度を整えて托鉢に出る時刻を待つため、かのバンヤン樹の根元に坐って、御自分のお体の光で樹全体を照らしておいでになりました。

スジャーターは菩薩を樹神だと思い込んで、頭から包みを下ろすと、黄金の瓶に花の香りのする水を入れて菩薩に近付きました。この瞬間、いつもお側に在ったガティーカーラ大梵天が献じた土の鉢が、見えなくなったのです。そのため菩薩は、右の手を差しのべて水を受けられました。

次いでスジャーターが黄金の鉢に入れたミルク粥をお手の上に載《の》せると、菩薩はスジャーターを御覧になりました。スジャーターは言い知れぬ感動の中で、改めて捧げ物への御挨拶をし、「御心願の御成就を念じ上げます」という言葉を残して去って行きました。

菩薩は鉢を持って尼連禅河の岸辺に行かれると、多くの菩薩方が悟りを開かれる日に沐浴される場処に下りて行って沐浴をされ、仏のはたじるしである衣服を身にまとわれると、東に向いて坐られました。そして、よく煮つめられた甘味のある特製のミルク粥を、四十九個の団子にして、すっかり召し上がりました。

菩薩は成道の後七週間は「悟りの座」で過ごされますが、その間一切、食事・沐浴・用便をなさらず、瞑想の楽しみ、悟りの道への楽しみ、その結果の楽しみだけで日を送られるのです。四十九個のミルク粥の団子は、そのためのものでした。

こうして菩薩は空《から》になった黄金の鉢を手に持たれると、「もし私が今日、仏と成ることができるなら、鉢は流れに逆《さか》らって行け。もしできないのなら流れに従って行け」と言って河に投げ入れられました。すると鉢は、流れを断ち切って河の中央に行き、そのまま八十肘《ちゅう》ばかり流れに逆らって上って行くと、一つの曲り角の所で沈んでカーラ（迦羅）龍王の宮殿に落ち、過去世の三人の仏達が使われた鉢にキリキリと音を立てて当たってから、その一番下になって止まりました。

カーラ龍王はその音を聞いて、今日また一人の仏が世に出られることを知り、数百の詩句を連《つら》ねて讃辞を述べました。

菩薩は河岸の花をいっぱいに咲かせた沙羅樹《さらじゅ》の林で昼の間お休みになり、夕暮れになって花々が落ちる頃、天人達がこの日を祝って美しく飾った道を、百獣の王ライオンのように菩提樹に向かって進んで行かれました。

龍・夜叉《やしゃ》・金翅鳥《こんじちょう》その他のものは、天界の香・花などを持って菩薩を供養しました。天界の合唱が起こり、一万の世界はすべて香は一つに、花環は一つに、「サードゥ」という喜びと感謝と満足と肯定――これらすべてをこめた人々の魂の底からなる声もまた一つになって、菩薩ただお一人を包み、菩薩の一歩々々を清らかに荘厳《しょうごん》したのでした。

⑪ 金剛座―魔軍との戦い―

歩一歩、悟りの座へ進んで行かれる菩薩のお姿を見た草刈り人のソッティヤは、思わずひざまずいて恭《うや》しく八つかみのムンジャ草を捧げました。菩薩はそれをお受けになると、煩悩の檻《おり》を打ち破るのに最も適した場処をしっかりと見定められ、一本の堂々たる菩提樹の根方にその草をばらまかれました。すると、たちまちその柔らかな草は、菩薩が深い禅定にお入りになるための、理想的な条件を総て備えた見事な座になったのです。

そこで菩薩はどっしりとその上に両足を組んで坐られ、（たとえこの身がどうなろうとも、皮や筋、骨が干からび、肉や血が干上がってしまおうとも、正覚を得るまでは、断じてこの足は解かぬ）と堅く心に誓われたのでした。

驚いたのは魔王でした。菩薩が出城されて以来、すきあらばつけ入らんと身近につきまとい、様子を窺《うかが》い続けていただけに、あわてました。早速近くまで行くと、

「あなたは瘠《や》せて顔色も悪く、このままでは死んでしまう。生きる望みは千に一つ、あなたは何よりも命を大切にして生きるべきです。命があってこそ諸々の善を行なうこともできるのだから――」

と言葉巧みに菩薩の精進を阻《はば》もうとしたのです。けれども菩薩はかつてカピラワッツの城門をいざ出ようとされたあの時と同じように、再び厳然としてそれをはねつけ、御自分には確固たる信念があり、自制心があり、努力があり、智慧があり、諸々の欲望にひかれることは全くなく、心身共に実に清らかであることを述べられ、

「魔王よ、お前の第一の軍隊は欲望であり、第二の軍隊は嫌悪《けんお》、第三の軍隊は飢渇《きかつ》、第四の軍隊は妄執《もうしゅう》、第五の軍隊は物憂《ものう》さと睡眠であり、第六の軍隊は恐怖、第七の軍隊は疑惑、第八の軍隊は見せ掛けと強情である。また利得と名声と尊敬と間違って得られた名誉と、自らをほめ他人を軽視する、これもお前の軍であり、悪魔の軍勢である。勇者のみ、よくこれに打ち勝って楽しみを得る。私はムンジャ草を敷いてお前と戦おう。敗れて生きるより、私は戦って死んだ方が良い」

こうきっぱり言い切られました。

これを聞いた魔王は（シッダッタ王子は今将《まさ》におれの領分を出ようとしている。だが、そうはさせん）と即刻とって返して、武装させた魔軍を率《ひき》いると、自分は大きな山ほどもあるギリメーカラ（山帯）という恐ろしい象に乗り、千本の手を生やし、一本一本に様々な武器を握ってやって来ました。魔王の前後左右には、見渡す限り、おびただしい数の魔軍がひしめき合い、大地も裂けんばかりの不気味なうなり声を立てていま す。何れも異形のものばかり、顔も体の色も形もとうてい正視するに耐えない醜悪なものばかりが、濁った目玉をぎらぎら光らせ、手に手に異なった武器を持って菩薩に襲い掛かろうと迫って来ました。

一方、一万の大世界の天人達は、長い長い数えようもない時の間、絶えず精魂を傾けて徳を積み、遂に悟りの座にお坐りになった菩薩を誉め讃え、心の底から喜び合っていました。帝釈天はヴィジャユッタラ（勝上）という一度息を吹き込めば四ヵ月もの間鳴り響いているという長い法螺《ほら》貝を吹き鳴らし、ミルク粥の入っていた黄金の鉢がキリキリと音を立てて河底の宮殿に納まった時、仏が出現されることを知って数百の詩句を連ねて讃辞を呈したあのカーラ龍王は、この時さらに百の詩句を作り、大梵天は白い天蓋をかざして立っていました。

ところが魔軍がいよいよ悟りの座に近付いて来ると、その余りの恐ろしさ物凄《ものすさ》まじさに耐え切れず、向かい合ったとたん、一人残らず逃げ出してしまったのです。

そんな中で、菩薩だけは唯独り、端然と足を組んで坐っておいでになりました。これには魔王の方が驚きました。こんな人間がこの世に居たのかと、いささか薄気味悪く思いながらも、今度は戦法を変え、後方から攻撃を加えることにしたのです。

菩薩は静かに辺りを見回して、天人達が誰一人居らず、魔軍が再び北方から陣営を立て直して攻めて来るのを御覧になると、遠いはるかな過去世から一つ一つの生《しょう》を通して、常に怠らず身命を賭《と》して精進し修めて来られた十波羅蜜（悟りに到るための菩薩の修行である布施・護戒・出離・智慧・精進・堪忍・真実・決定・慈・捨の完成）をこそ最強の盾《たて》とし、利剣として、この魔軍を余す所なく滅ぼし尽くそうと、盤石のように坐っておいでになったのです。

この様子を見た魔王は、何とかせねばならないと、すっかりいきり立ってしまいました。そこでまず、激しいつむじ風を起こして、菩薩を悟りの座から追い落とそうとしました。けれども山々の頂きを吹き飛ばし、森や林の大小の樹を根こそぎにし、村も町も粉々にするほどのすさまじいつむじ風も、菩薩の功徳の前には完全に力を失って、衣の端をすら動かすことができません。

それならばと、水で攻め殺すことを考え、物凄《ものすご》い大雨を降らせました。突然、黒雲が上へ上へと層をなして沸き上がったかと思うと、一挙にたたきつけんばかりの豪雨です。大地はそのために裂け、森や林は樹々の上の方まで水に浸《つ》かるという大洪水になりました。それでも菩薩の衣を露の滴《したた》りほどに湿らすことさえできなかったのです。

魔王はじだんだを踏む思いで、今度は岩の雨を降らせました。大きな山の頂上が次から次へ煙を噴き焔《ほのお》を上げて空中を飛んで来ます。しかしこれも菩薩の側まで来ると皆、美しい天界の花環になってしまいました。

魔王は次に、片刃・両刃の大刀や小刀・剃刀などが煙を噴き焔を上げて空中を飛ぶ、斬り込みの雨を降らせたのでしたが、これまた、菩薩の所まで来ると天上の花になり、次の赤い炭火が空中を飛ぶ炭火の雨も、菩薩の足下には天上の花となって落ち、赤く燃えた熱い灰の雨は栴檀《せんだん》の粉末になって菩薩の足下に散り敷いたのです。煙を噴き焔を上げて空中を飛んで来た細かい砂の雨もすべて天上の花となって落ち、同じように煙を噴き焔を上げながら空中を飛んで来た泥の雨は、何と、香り高い天上の香水となって菩薩の足下に落ちたのです。

魔王はそこで最後に（これで脅《おど》してシッダッタを追い払ってやろう）と、とって置きの奥の手、それこそ恐ろしい真っ暗な大暗黒を引き起こしました。けれどもこれも菩薩の近くまで行くと、すうっと消え失せて何の役にも立ちませんでした。

魔王は気も狂わんばかりになって、あっけにとられて、ぼんやりと事の成り行きを眺めている魔の軍勢にわめきちらしました。

「お前ら、何をぼやぼやしている。早くこの王子をとっ捕《つか》まえろ。殺せっ。追い払ってしまうのだっ」

魔王は象の上で、鋭い刃の付いた強力な武器である円盤を利《き》き腕に取って菩薩に近付くと、

「シッダッタよ、その座から立て。その座はおれのものだっ」

と威丈高に怒鳴りました。けれども菩薩は、どこまでも落ち着いたお声で、魔王にはこの座への資格が何一つとして備わっていないことを順序を立ててきちんと述べられてから、

「この座はお前のものではない。これは将《まさ》に私のものである」

と確信に満ちて言われました。本当の事なので返す言葉もとっさには出ず、ますます逆上した魔王は、いきなりギリメーカラ象の上から、幾本もの堅い石柱を筍《たけのこ》のように断ち切るという円盤を、菩薩に向かって投げ

つけました。ところがこれも、十波羅蜜への念で心を満たしておいでになる菩薩の頭上では花環の天蓋となって止まり、配下の悪魔達がてんでに投げつける大きな岩の山もまた、片端から花環に変ってしまいました。やがて菩薩が御自分の行なわれた最上の施しについて、最後のヴェッサンタラ（王子。のち王）の生《しょう》に思いを巡らしておいでになると、その威力で、あの大きな山ほどもある恐ろしいギリメーカラ象が、おとなしくひざまずいてしまったのです。

魔軍はこれを見るとあわてふためき、頭の飾りも着ていたものも放り出して、散り散りに逃げ去って行きました。

菩薩の御身を案じながら、はらはらして大世界の端から首を伸ばし頭を上げてこの戦いを見ていた天人達は、

「シッダッタ王子が魔軍に勝たれた。あの凄《すさ》まじい戦いに王子さまが勝利を得られた。さあ、お祝いをしよう！」

と大喜びで、龍は龍を、金翅鳥は金翅鳥を、天人は天人を、梵天は梵天を誘い合って、香や花環を手に、菩薩の坐っておいでになる悟りの座へ集まって来ました。この時そこには、一万の大世界の他の天人達もまた、手に手に捧げ物を持ち、菩薩を誉め讃えながら立っていたのです。

第三編 仏陀の出現

⑫ 成道

このようにして菩薩は、太陽がまだあるうちに魔軍を打ち破られ、四方にゆったりと枝を伸ばして緑色の大らかな形の良い葉を茂らせている菩提樹の、さんごのように美しい若葉や新芽の供養をお受けになりながら、夜の初分に過去を見る智力（宿命智《しゅくみょうち》）を得られ、夜の中分に未来を見る智力（天眼智《てんげんち》）を、夜の後分に縁起を見る智力（漏尽智《ろじんち》）を得られたのでした。

菩薩がこの縁起の十二項目（無明《むみょう》・行《ぎょう》・識《しき》・名色《みょうしき》・六処《ろくしょ》・触《そく》・受《じゅ》・愛《あい》・取《しゅ》・有《う》・生《しょう》・老死《ろうし》）の様相を順逆に観じておいでになりますと、一万の世界が海の端まで十二遍震え動きました。

いよいよ太陽がさし昇ろうとする時、菩薩は遂に一万の世界を鳴り響かせ、正覚を成じて「仏」と成られたのです。

この時、一万の世界はこの上もなく美しく厳かに飾りつけられました。東の大世界の端に掲げられた幢幡《どうばん》（はたぼこ）の光は西の大世界の端に届き、西の大世界の端に掲げられた幢幡の光は東の大世界の端に、北の大世界の端に掲げられた幢幡の光は南の大世界の端に、南の大世界の端に掲げられた幢幡の光は北の大世界の端に届き、地表に掲げられた幢幡の光は梵天の世界にまで達し、梵天の世界の幢幡の光は地表に達していました。一万の大世界で花の咲く樹という樹には花が満開となり、実を結ぶ樹という樹には果実がたわわに実《みの》りました。幹には幹の蓮華が、枝には枝の蓮華が、つる草にはつる草の蓮華が咲き、空中には垂れ下がった蓮華、地上では大きな岩をつき破って上へ上へと七つずつ伸びた杖のような蓮華が開いていたのです。

一万の世界はまるで回して投げ上げた花環のように、見事に拡げられた花の敷物のように美しく、香気とみずみずしさに満ち満ちていました。それだけではありません。未だかつてどんな光も届かず、たとえ七つの太陽を一緒にしても照らすことのできなかった地獄にまで、光明が差し込んだのです。深い海の水は甘くなり、河は流れを止め、体の不自由な人は居なくなり、鎖や枷《かせ》などは皆切れて落ちてしまいました。丁度、菩薩が六牙の気高い白象の姿で兜率天《とそってん》から降りて来られ、安らかに眠っておいでになる母妃の胎内に宿られたあの時と同じように——。

こうしたありとあらゆる荘厳と奇瑞の中で、たとえようもない尊敬と供養をお受けになりながら、今や「仏」となり給うた尊いお方は、一切の諸仏が必ずお唱えになる感動の言葉を述べられました。

家の作り手を求めて、私は数多くの生涯を無益に経めぐって来た。何度もくり返し生まれることは苦しい。

家の作り手よ、お前は見破られている。もはやお前が家を作ることはないであろう。お前の垂木《たるき》はすべて折れ、棟木《むなぎ》も壊れている。心は造ることを止め、妄執《もうしゅう》を滅尽したのだ。

釈尊は三十五歳でこの期《とき》を迎えられたのです。

⑬　その後の七週間

それから七日の間、釈尊はこの輝かしい金剛座にお坐りになったまま、静かに解脱《げだつ》の楽しみに浸《ひた》っておいでになりました。遠い遠い数えようもないはるかな昔、スメーダ行者として燃灯仏から「仏」となられる予言を受けられて以来、生まれかわり死にかわり、唯この座のために、どれほどの生《しょう》でどれほどの精進をされ、徳を積み重ねて来られたことでしょうか。それらを回想され、

〔この私の座は勝利の座である。最上の座である。ここに坐って私の思念は全《まった》きものとなり、完成を見たのだ〕

と思われたことが、この第一週での何よりの感懐として伝えられています。

やがて座を立たれた釈尊は、少し東よりの北側に立たれると、限りない尊敬と感謝の念をこめて瞬《また》きもせず、じっと菩提樹と金剛座を見詰めたまま、第二週を過ごされました。

第三週は、お立ちになったその場処と金剛座との間に宝の経行処《きんひん》（坐禅中、足の疲れを休め睡眠を防ぐために歩く処）を造られ、東西に延びた宝の経行処を歩きながらお過ごしになりました。

第四週は、菩提樹の西北方に天人達が建てた宝石の家に両足を組んで坐られ、悟られた法に対して、あらゆる角度から熟考、考察をされました。この時、仏身からは青・黄・赤・白・橙に近い紅を混ぜ合わせた、六種の光（青は釈尊の頭髪の色で「定根」をあらわす、黄は釈尊の身体の色で「金剛」をあらわす、赤は釈尊の血液の色で「精進」をあらわす、白は釈尊の歯の色で「清浄」をあらわす、橙は釈尊の袈裟の色で「忍辱」をあらわす、残りの一色は「輝き」をあらわす。仏教を象徴する旗「六色仏旗」に象徴されている）を発したと申します。

第五週は、バンヤン樹の下に行かれ、ここでも法を探究し、解脱の楽しみに浸って坐っておいでになりました。この時、足掛け七年もの間釈尊から目を離さず、まるで烏《からす》が脂身《あぶらみ》のような色の岩の周りを、期待を持って空《むな》しく飛び続けてでもいたように、完全に敗北した彼の魔王は、落胆と悲しみの余り道：に坐り込んで、敗因を一つ一つ数えながら地面に線を引いていました。これを見た三人の娘タンハー（渇愛《かつあい》）、アラティー（嫌悪）、ラーガ（染）は、父親が無駄だと言うのも聞かず、手を替え品を替え姿を変えて、六度まで女性の魅力で釈尊を誘惑しようとしましたが、当然のことながら父親の言葉通りに終ってしまったのでした。

第六週は、ムチャリンダ樹の下で静かに解脱の楽しみを享《う》けておいでになりましたが、折からの大嵐や冷たい雨から釈尊をお守りするために、ムチャリンダ龍王は御身の回りを七重のとぐろで巻いていたのでした。

最後の第七週は、ラージャーヤタナ樹の下に行かれ、ここでも解脱の楽しみを享けて坐り続けておいでになりましたが、最後の日、即ち七七、四十九日目に、成道以来ひたすら瞑想の楽しみ、悟りの道への楽しみ、その結果への楽しみだけでお過ごしになり、口をすすぐことも、用便も、食事もなさらなかった釈尊が、初めて（口をすすごう）、というお気持を起こされました。

すると直ちに神々の王帝釈天が、無病・不死の薬といわれるアガダと、薬用の下剤ハリータカを持って来て差し上げました。それを召し上がり、それによって排便されると、次に帝釈天はナーガつる樹の楊枝《ようじ》と、ヒマラヤの頂上にあるというアノータッタ池の清冽《せいれつ》な水を差し出しました。釈尊はその楊枝を嚙《か》み、口をすすいで、再びラージャーヤタナ樹の下にお坐りになり、深い禅定に入られました。

この日はこの後、二つのゆるがせにできない、大きな意味を持つ出来事が続いて起こります。それは同じ日のことではありますけれども、内容の重さから考え合わせて、次節に稿を改め、この物語を順次進めてまいりたいと存じます。

⑭ 最初の在俗信者

その頃、タプッサ（帝梨富沙《たいりふしゃ》）とバッリカ（跋梨迦《ばりか》）という二人の兄弟の商人が、五百台の荷車を連《つら》ねてウッカラー地方から中インドに向かって隊列を進めていました。ところが丁度この地に差しかかった時です。急に車が動かなくなりました。それは前の世でこの兄弟の親族であった天人達が車を止めたのです。

天人達は二人に、七週間前に至上のお悟りを開かれたばかりの御仏が今、ラージャーヤタナ樹の下に坐っておいでになることを告げ、麦菓子や蜜団子のお食事を差し上げるようすすめました。

「この御供養はこれから長い間にわたって、あなた方に計《はか》り知れない利益と安楽をもたらすことでしょう」

天人達はこう言いました。二人は言われた通り、麦菓子と蜜団子を用意して釈尊のおいでになるラージャーヤタナ樹に近付きましたが、その余りの高貴さ、静かで端麗なお姿に息をのんでしまったのです。

「尊き世尊よ、何とぞ私どものこの食べ物を、慈《いつく》しみのお心をもってお受け下さいませ」

二人は手に手に麦菓子と蜜団子を捧げながら、生まれて初めて接する、人間をはるかに超えたお方から受ける言いようのない感動で、声を震わせていました。

釈尊はスジャーターからミルク粥をお受けになった日以来、それまでずっとお側《そば》にあった土の鉢が見えなくなっていたので、（如来は手で物を受け取るものではない。私はどのようにして受け取ればよいのであろうか）とお考えになったのです。と、その瞬間、四天王がそのお心を心で知って、四方から緑色の石で出来た四つの鉢を差し出しました。

釈尊は四人の天子への慈しみから、四つの鉢を皆お受け取りになると、それを重ねて、(一つになれ)と念じられました。すると四つの鉢はたちまち一つになって程よい大きさの中くらいの鉢になりました。釈尊はその新しい鉢に二人の捧げた麦菓子と蜜団子をお受け取りになり、召し上がって食事を終えられると、鉢と手をお洗いになりました。兄弟はこれを知ると、御許へ行って釈尊のおみ足に頭をつけて礼拝し、「尊きお方よ、ここに私達は世尊と法とに帰依致します。世尊よ、私達を在俗信者としてお認め下さいませ。今日より初めて命終るまで帰依《きえ》致します」

と申し上げました。こうしてこの二人の兄弟の商人は、この世で初めて「仏と法」との二つに対する帰依を唱えた在俗信者になったのです。二人は去り難い思いでした。

「世尊よ、私どもに何か一つ、尊いものとして捧持《ほうじ》すべきものを賜《たま》わりとうございます」

釈尊は右手で御自分の頭に触れられ、髪の毛を記念としてお与えになりました。

タプッサとバッリカの二人は自分達の都に帰ると、この髪の毛を納めた塔廟を建てたのです。

⑮　梵天勧請

やがて釈尊はそこから立ち上がられると、再びバンヤン樹の所へ行かれ、樹の根元にどっしりとお坐りになって、御自分の悟られた法が如何に深く微妙なものであるかを考えておいでになりました。かつて正覚《しょうがく》を得られた諸仏がことごとくそうであられたように、

〈艱難辛苦《かんなんしんく》して悟り得たものを、今またどうして説くことができようか。貪《むさぼ》りと瞋《いか》りに悩まされた人々

が、この法を悟ることは容易ではない。これは世の流れに逆らい、非常に微妙であり、寂静で、絶妙であり、思慮し難く、賢者のみよく知るところである」

と世間の人々に理解され難いことを案じて、法を説くことに、ためらいを覚えられたのです。

このお心の中を逸速《いちはや》く心で知った世界の主《あるじ》たる大梵天《ぼんてん》は、

「これは大変だ。この勝れた法がもし説かれないようなことにでもなれば、この世は亡びてしまうだろう。この世は滅亡してしまうに違いない」

こう思うなり急ぎ梵天界から釈尊の御前に姿を現わし、右肩を出し、右膝、右の足指の先を地に付け、左膝を竪《た》てた、尊者に対する最高の礼をとって、恭《うやうや》しく釈尊に合掌を捧げて懇願しました。

「世尊よ、どうか法をお説き下さい。世尊よ、どうか法をお説き下さい。世の中には心に汚《けが》れの少ない者もおります。もし法を聞くことができなければ、この者達もまた苦しみから脱《ぬ》け出すことはできないでしょう。けれども法を聞くことができさえすれば、この者達は法を悟ることができます。世尊よ、どうか甘露《かんろ》の法門を開いて、心渇《かわ》ける世の人々をお救い下さい」

こう申し上げても尚ためらわれる釈尊に、大梵天は誠心誠意、三度まで懇願（勧請《かんじょう》）を繰り返しました。

この熱意に打たれ、同時に限りない慈悲の心から仏眼《ぶつげん》をもって世の人々のさまざまな心の状態、機根のほどをつぶさに御覧になった釈尊は、力強く仰せになりました。

「甘露の門は開かれたり
　耳ある者は聞け、己《おのれ》の信を棄《す》てよ」

法をお説き下さる！　このお言葉を全身で受け止めた大梵天は、喜びに輝きながら釈尊に敬礼し、右回りの礼をとって姿を消したのでした。

第四編　僧伽の成立

⑯ 初転法輪

釈尊はまず最初にこの法を誰に説くべきかを思案され、かつて師事されたアーラーラ・カーラーマ仙こそふさわしい、賢者である彼の仙人は速やかにこの法を了解《りょうげ》するであろうと考えられました。けれども仏の知見で既に七日前この世を去っていることを知られ、続いて次に師事されたウッダカ・ラーマプッタ仙に思いを向けられました。しかしこの仙人もまた前夜亡くなっていたのです。

釈尊は次に、苦行に励んでおられた六年の間、身の回りの世話をしてよく仕《つか》えてくれた五人の仲間の修行者達のことを思い起こされました。彼等は釈尊が苦行を捨てられた意味が分からず、それを堕落とばかり思い込んで失望して去って行った人達でした。けれども釈尊は彼等が今、バーラーナシーの鹿野苑に住んで自分達だけで修行していることを察知されると、（そこへ行って法輪を転じよう）と心に決められ、それから数日の間は金剛座の周辺だけで托鉢をされました。

こうして釈尊はアーサーラ月（六〜七月）の満月の日にバーラーナシーへ行こうと、十四日の夜明けと共に衣鉢《えはつ》を携《たずさ》えて十八由旬《ゆじゅん》の道を旅立たれました。途中、ウパカ（優波迦）というアージーヴィカ教徒（「邪命外道《じゃみょうげどう》」と漢訳）に会われました。

釈尊のただならぬ浄らかさに驚いたウパカは、「誰によって出家し、誰を師とし、誰の法を信奉しているのですか」と尋ねました。

釈尊は、御自分が仏と成られたこと、仏の境界《きょうがい》なるものを述べられ、自ら悟りを開いたので師と呼ぶべき人はない。師とあがめる者も、自分に等しい者もない。天界・人間界を通じて自分と肩を並べ得る者はない。自分は世の人々から供養を受ける資格のある者、無上の師である。自分こそ正覚を成じた者であり、絶対の境地にあって静かである。この法を説くために自分はバーラーナシーへ行き、無明の闇に覆われている人々に甘露の鼓《つづみ》を打とうとしているのである、ということを、詩の形で答えられました。

ウパカは、「あなたの言われる通りならば、あなたは限りない勝利者なのでありましょう」と言い、釈尊は「もし煩悩《ぼんのう》をことごとく消滅し尽くすことができれば、その人は自分と同じく勝利者である。もろもろの悪法に打ち勝ったがために自分は勝利者となったのである」と説かれました。

けれどもまだ機縁の熟していなかったウパカは、「あるいはそうかも知れません」と言い、頭をふって別の道へ去って行きました。

〈付〉ウパカは後に仏弟子となって出家し、阿那含果《あなごんか》（再び欲望の世界に生まれかわって来ない者という成果）を得たということです。

釈尊はその日の夕方、バーラーナシーの鹿野苑《ろくやおん》に着かれました。このお姿を見た五人の仲間の修行者達は、「友よ、修行者ゴータマ（釈尊のこと）がやって来る。彼は苦行を捨てて、ぜいたくな生活をしたために体は太り、五官の働きが盛んになって、あのように黄金色に輝いている。彼にはあいさつをしないようにしよう。起《た》って迎えることも衣鉢を受け取ることもしないようにしよう。だが彼は王家の生まれで座席を受ける資格がある。座席だけは用意しよう」

こう申し合わせていたのです。釈尊は一切衆生の心の動きを知る智慧で彼等の心を見通されると、特別の慈しみの心を五人の上に注がれました。

五人はこのお心にふれると、さっきまでの申し合わせを守ることができなくなって、釈尊が近付いて来られると思わず起って出迎え、ある者は衣鉢を受け取り、ある者は座席を整え、ある者は足を洗う水を、他の者は足台や足をふく布を持って来たのです。

けれども苦行を捨てられたことへの、さげすみの気持が消えたわけではありません。五人は、釈尊が正覚《しょうがく》を成じて仏となり給うたとは露《つゆ》ほども思わず、「ゴータマよ」と名前で呼んだり、「友よ」と呼び掛けたりしていたのです。釈尊はそんな五人を戒められました。

「修行者達よ、如来に対して名前を呼んだり、《友よ》という呼び掛けをしてはならない。私は如来《にょらい》であり、正覚を成じた仏である。私はお前達に悟ったこの法を説いて教えよう。教えの通りに実践するならば、やがて無上の悟りを、この世に於て得ることができるであろう」

しかし五人は、どうしても素直にそれを聞くことができず、

「ゴータマよ、あなたはあれほどの難行苦行を重ねてもなおかつ至上の悟りを得ることができなかったではありませんか。それを今、ぜいたくをし、精進努力することを捨てて、どうして正覚を成じることなどできましょう」

と、釈尊がぜいたくをしたのでも精進努力を捨てたのでもないと説かれても一向に納得しようとせず、三度も同じ詰問をしたのでした。そこで釈尊は仰せになりました。

「修行者達よ、お前達はこれまでに、私がこのように自信を持って説くのを聞いたことがあるか」

五人は口々に「いいえ、ございません」と答え、次いで四度目に、

「私は如来であり、正覚を成じた仏である。私はお前達に悟ったこの法を説いて教えよう……」という、前と少しも変わらないお言葉が、深々とした円満なお声と共に耳に入って来た時、五人はかつて苦行林でひたすらお仕えしていた頃に返って、謙虚に心からお教えを伺おうという気持になっていたのです。

そこで釈尊は、この日、五人の修行者達に、最初の説法（初転法輪）をなさいました。その時の教説が『転《てん》法輪経《ぼうりんぎょう》』です。この中で釈尊は、楽と苦の両極端を離れた中道《ちゅうどう》と、根本の教えである四諦《したい》（四つの真理。①苦諦《くたい》＝この世界は苦であるという真理　②集諦《じったい》＝苦を集め起こすもの、即ち苦の原因は煩悩――無知・欲望・執着――にあるという真理　③滅諦《めったい》＝苦しみの消滅した状態こそは理想境であるという真理　④道諦《どうたい》＝八正道《はっしょうどう》こそが苦の滅を実現するための道であるという真理）・八正道（理想の境地に達するための八つの道。八種の実践徳目。①正見《しょうけん》＝正しく四諦の道理を見る　②正思惟《しょうしゆい》＝正しく四諦の道理を思惟する　③正語《しょうご》＝正しい語をいう　④正業《しょうごう》＝正しい生活をする　⑤正命《しょうみょう》＝身・口・意の三業を清浄にして正しい理法にしたがって生活する　⑥正精進《しょうしょうじん》＝道に努め励む　⑦正念《しょうねん》＝正道を憶念し、邪念のないこと　⑧正定《しょうじょう》＝迷いのない清浄なる悟りの境地に入る）について、御自身の体験を通して理路整然と説いて行かれました。要約ながら、そのごく一部分を記しますと、

「修行者達よ、これら二つの極端は出家者のなすべきことではない。二つの極端とは何であるか。それはもろもろの欲楽に執着しふけること、及び苦しい自虐的な苦行に努めることである。如来はこれら二つの極端に従わず、中道を悟ったのである。この中道は智慧を生じさせるもので、寂滅・最高の認識・正覚・涅槃に導くものである。その中道とは何であるか。それは八つの聖なる道である。（この後に続く八正道に関しては重複をさけて略します）

修行者よ、これが苦の聖なる真理である。生も苦である、老も苦である、病も苦である、死も苦である、怨憎《おんぞう》するものに会うのは苦である。愛するものとの別離は苦である、求めて得られないのも苦であ

る。要するに五つの執着の要素は苦である」
というふうに分かり易く順次にそれらは説かれ、四諦には三段階の考察実践（三転十二行相《さんてんじゅうにぎょうそう》＝①四諦を確認して示すこと　②四諦の修行――八正道――を勧めること　③八正道を総て実践し終ったという事実を自覚して証すること）が必ずなされねばならないことを具体的・体験的に詳細に述べられ、

「修行者達よ、これら四つの聖なる真理に於て、このように三転十二行相のあるがままの智見が私に清浄とならなかった間は、天界・人間界において私は無上の正しい悟りを現に悟ったとは自称しなかった。
修行者達よ、これら四つの聖なる真理において、このように三転十二行相のあるがままの智見が私に清浄となったのであるから、天界・人間界に於て私は無上の正しい悟りを現に悟ったと自称したのである。
私の解脱《げだつ》は壊れることはない。これが最後の生《しょう》であり、今や再び生を享《う》けることはないとの智見が私に生じた」

と説き終られたのです。五人は釈迦牟尼世尊を仰いで随喜するばかりでしたが、中でもコンダンニャ長老は「生ずるものはすべて滅するものである」との智慧を得て、この時、預流果《よるか》（聖者の最初の境地）に入りました。

地の神々は喜びの余り、

「世尊によってバーラーナシーの鹿野苑に於て、何者によっても逆転され得ない無上の法輪が転じられた！」

と一斉《いっせい》に讃嘆の声を上げました。その声は一瞬のうちに四天王に従う神々、三十三天の神々、夜摩天《やまてん》、兜率天《とそつてん》、楽変化天《らくへんげてん》、他化自在天《たけじざいてん》、梵天界《ぼんてんかい》の神々、遂には色究竟天《しきくきょうてん》の神々にまで上へ上へと伝わって行きました。喜びに沸《わ》く神々の声は天地に溢《あふ》れ、一万の世界は震え揺れ動いて、無量広大な光明が神々の威力を越えて世に現われたのでした。

そんな中で釈尊は、

「おおコンダンニャはよく悟った。おおコンダンニャはよく悟った」

と感嘆と慈しみをこめて仰せになりました。それ以来〈よく悟ったコンダンニャ〉アンニャーコンダンニャ（阿若憍陳如《あにゃきょうちんにょ》）と呼ばれるようになりました。尊者コンダンニャは、

「世尊よ、私は世尊の御許に於て出家を致しとうございます。完全な戒律を受けとうございます」

と申し出ました。

「さあ来るがよい修行僧よ。法はよく説かれた。正しく苦を滅尽するために、欲望を断ずる修行を行なえ」

この釈尊のお言葉で尊者コンダンニャは仏弟子となり、最初に悟った一人となったのです。

釈尊は翌日から残る四人を導くために法を説かれ、ヴァッパ（婆沙波）長老とバッディヤ（跋提耶）長老、マハーナーマン（摩訶那摩）長老とアッサジ（阿説示）長老が続いて預流果を得、尊者コンダンニャと同じく「さあ来るがよい修行僧よ……」というお言葉によって仏弟子となったのです。伝える所によれば、この間、三人が托鉢をして得たもので、六人の集いの生活がなされていたと申します。

釈尊が次いで『無我相経』（存在の五つの構成要素である①物質的なかたち〔色《しき》〕②感受作用〔受《じゅ》〕③表象作用〔想《そう》〕④形成作用〔行《ぎょう》〕⑤識別作用〔識《しき》〕の無我であることを説いたもの）を説かれますと、五人の尊者達はそろって最高の阿羅漢（拝まれるべき人。究極の聖者）となり、ここに世に六人の阿羅漢が出られたのであります。

⑰ ヤサの出家

夜がまだ明け切らない頃でした。釈尊が経行処《きんひん》を静かに歩いておいでになりますと、はるか向こうからバーラーナシーの豪商の息子ヤサ（耶舎）が、たった一人でやって来ました。

当時バーラーナシーは六大都市の一つとして大いに栄え、富豪が多く住んでいました。ヤサも王侯に勝《まさ》るとも劣らぬ豪華で、ぜいたくな毎日を送っていました。若く美しい妻があり、多くの侍女にかしずかれ、音楽や遊びに明け暮れる毎日を、季節々々の邸《やかた》で過ごす、人もうらやむ環境に在りながら、内に深く人間としての非常な聰明さを持っていたヤサは、何時も言いようのない虚《むな》しさと憂《うれ》いを抱き続けていたのです。そして遂にこの夜、周りで眠りこけている侍女達の見るもあさましい寝姿に嫌悪と無常を覚えると、そのまま黄金のサンダルを履き、真夜中に家を出て、いつしか郊外の仙人達の住む鹿野苑へ向かっていたのです。

釈尊にはヤサが聖者となる資質を備えていることが直ぐお分かりになりました。ヤサは、経行処から降りて、座にお着きになっている釈尊にも気付かず、懊悩《おうのう》の余り、

「ああ何という煩《わずら》わしさ、何という厭《いと》わしさ……」

と声に出して嘆息しながら近付いて来たのです。釈尊はそんなヤサに仰せになりました。

「ヤサよ、ここにはそのような煩わしさも厭わしさもない。来て坐りなさい。ヤサよ、私が法を説いてあげよう」

釈尊の温かく静かで深々としたお声はヤサをすっぽりと包み込み、ヤサは救われたように黄金のサンダルを脱ぐと、釈尊の御許に近付いて敬礼し、嬉し気《げ》に一隅に坐りました。

釈尊はまず、「法」を受け入れることができるだけの心の準備として、当時の人々に最も身近なものであった因果応報の訓話である施論《せろん》（常に慈悲の心掛けをもって困窮者・宗教家などに衣食住等の施与をすることについての話）・戒論《かいろん》（生き物を殺傷せず、他人の金銭財物を盗まず、うそをつかず、よこしまな姦婬を犯さず、といった

戒律を守り、常に道徳的な生活を続けることについての話）・生天論《しょうてんろん》（第一・第二で説いたことを常に守り行なえば、応報として来世は天に生まれ、幸福な生活をすることができるという話）、次にもろもろの欲望の患い・害悪・汚《けが》れ、そして煩悩《ぼんのう》の束縛を離れ出ることの功徳について述べられ、ヤサの心がすんなりと清らかに澄み、一点の汚れもない純白の布のように整えられた時、初めて「法」をお説きになったのです。それは苦しみと、その原因と、止滅と、止滅に至る道、即ち四諦《したい》（四つの真理）の教えでした。

これを心を傾注して伺っていたヤサには、その場で塵も汚れも無い法の眼が生じ預流果《よるか》に達しました。（生《しょう》ずるものはすべて滅《めっ》するものである）と。

一方、ヤサの家ではヤサが居ないというので大騒ぎです。父親は四方へ使者を馬で走らせ、自分はもしやと鹿野苑に向かいました。

釈尊はヤサの父親が遠くから来るのを御覧になると、神通力でヤサの姿が見えないようにしておしまいになりました。父親は黄金のサンダルが脱いであるのを見て釈尊の御許に行き、

「世尊よ、息子のヤサを御覧になられましたでしょうか」

とお尋ね申しました。釈尊は仰せになりました。

「資産者よ、ここにお坐りなさい。ここに坐れば、あるいはヤサがここに坐っているのを見ることができるでしょう」

これを聞いた父親は大喜びで釈尊に敬礼し、一隅に坐りました。

そこで釈尊は先にヤサにされたと同じように、「施論」から順次に説き進められ、資産者の心がすっかり整えられた時、初めて「四諦」を説かれたのです。

資産者もまたその場で法の眼を生じました。（生ずるものはすべて滅するものである）と。そして感動と讃

嘆で胸を一杯にして、深遠なこの「法」をかくも明らかにお説き下さったことへの感謝と喜びを言葉を尽くして述べ、

「尊きお方よ、私はここに世尊と法と修行僧のつどいとに帰依《きえ》致します。世尊よ、私を在俗信者としてお認め下さいませ。今日より初めて命終るまで帰依致します」

と、世で初めて三帰依を唱えた在俗信者となったのでした。

すでに機の熟していたヤサは、釈尊が父のために法を説かれるのを傍《かたわ》らで聴いていて、遂に最高の聖者阿《あ》羅漢《らかん》に達したのでした。

二人の境地を察知された釈尊は神通を解《と》いて、父親に坐っているヤサの姿をお見せになったのです。父も子も今は昨日までのお互いではありません。法の眼を得た父親は、ヤサが聖者阿羅漢となったことを至上の幸せであると心の底から喜びました。阿羅漢には世俗の生活をすることができないにもかかわらず、です。そして釈尊に申し上げました。

「世尊よ、何とぞヤサを随従修行者として、私の食事をお受け下さいますよう」

釈尊は沈黙によって、それをお受けになりました。

こうして父親の長者居士が座を立って釈尊を礼拝し、右回りの礼をとって去って行くと間もなく、ヤサが形を正して願い出ました。

「世尊よ、私は世尊の御許に於て出家をし、完全な戒律を受けたいと存じます」

釈尊は仰せになりました。

「さあ来るがよい修行僧よ。法はよく説かれた。正しく苦を滅尽するために、欲望を断ずる修行を行なえ」

これが尊者ヤサの受戒でありました。

この時、世に阿羅漢は七人となりました。

夜が明けると釈尊は服装を整え、鉢と上衣を持って、尊者ヤサを随従修行僧として長者居士の邸に行かれ、設けの席に着かれました。母親と前の妻は釈尊に敬礼して一隅に坐り、釈尊はこの二人のために、長者居士の時と同じ順序に従って訓話をされ、やがて「四諦」を説かれたのです。

これを伺って二人にも法の眼が生じました。（生ずるものはすべて滅するものである）と。

二人は長者居士と同じように喜び感嘆して、感謝をこめて釈尊を讃え、

「尊きお方よ、私達はここに世尊と法と修行僧のつどいとに帰依致します。世尊よ、私達を在俗信女としてお認め下さいませ。今日より初めて命終るまで帰依致します」

と申し上げました。二人は世で初めて三帰依を唱えた女性の在俗信者でありました。

母と父と前の妻は、釈尊と尊者ヤサとに手ずから心をこめた御馳走を十分に差し上げ、釈尊が食事を終えられて鉢と手をお洗いになったのを知ると、一隅に坐りました。釈尊は「法」を説いて三人を教導して励《はげ》まされ、深い慶《よろこ》びを抱かせて、尊者ヤサと共に去って行かれました。

ヤサの出家を知ったバーラーナシーに住む、何れも豪商の息子であるヤサの友人四人は、ヤサほどの者が出家したのだ、それは正しい教え、正しい戒律に違いないとヤサの許に行き、釈尊からヤサが受けたと同じ順序で訓話を伺った後、「四諦」を説いて頂いて法の眼を得、出家を願い出て修行僧となりました。やがて四人は阿羅漢となって、ここに世に十一人の阿羅漢が出られたのです。

次いでやはりバーラーナシーに住む、豪商の息子達であるヤサの友人五十人が、同じようにして釈尊の御許で出家し、阿羅漢となりました。

今や、ヤサまでの七人と、ヤサの友人四人と次の五十人とで、世に六十一人の阿羅漢が出られたのでした。

最高の聖者阿羅漢には三明《さんみょう》・六通《ろくつう》——①神足通《じんそくつう》（自由に欲する所に現われうる能力）②天眼通《てんげんつう》（自他の未来のあり方を見通す能力）③天耳通《てんにつう》（普通人の聞きえない音を聞く能力）④他心通《たしんつう》（他人の心を見通す能力）⑤宿命通《しゅくみょうつう》（自他の過去世のあり方を知る能力）⑥漏尽通《ろじんつう》（煩悩を取り去る能力）〈②⑤⑥は特に「三明」という〉——といわれる超人的な能力が必ず備わっており、それは世の人々を平和に幸せにし、正しく導いて行くための非常な力となるものでした。

釈尊はこの六十人の阿羅漢達にこう仰せになりました。

「私もお前達も一切の束縛を脱して最高の悟りを得た。遊行《ゆぎょう》せよ、人々の利益《りやく》と安楽のために。一人一人別の道を行き、一人でも多くの人に、初め善《よ》く、中ごろも善く、終りも善く、道理にかない言葉の整った教えを説くように。修行僧として完全で清らかな実践法を身を以て明らかに示すように。世の中には心に汚れの少ない人々がいる。正しい教えを聞かないために迷いから抜け出すことができないでいるが、聞けば法を悟ることができるであろう」

一同は意を体して四方に散って行きました。そして釈尊御自身はウルヴェーラー（優楼頻羅《うるびんら》）へ向かわれました。

釈尊が阿羅漢達と共にこの教化活動を始めようとされた時、例の魔王がまたしてもぬかりなく現われて、これを阻止《そし》しようとしました。けれども当然ながら、この時も失敗に終り、魔王は敗退せざるを得ませんでした。

さて、釈尊はウルヴェーラーへの途中、ある密林に入って一本の樹の下で静かに坐っておいでになりました。すると、そこへ、お金や品物を盗んで逃げた遊女を探して、三十人の王族出身の青年達が来ました。

釈尊はこの青年達に、一人の遊女を探すのと真実の自己を探し求めるのと、どちらが大切かとお尋ねになり、そこから教化を始められて、全員に法の眼を開かせられました。そして「さあ来るがよい修行僧よ」というあのお言葉によって出家させられると、諸方へ派遣されたのでした。

こうして釈尊は再びマガダ国のウルヴェーラーへと向かわれたのです。

⑱　カッサパ三兄弟の帰仏

ウルヴェーラー地方には、マガダ国を中心に多くの人々から絶大な尊信を受けている高齢の出家バラモン、カッサパ（迦葉《かしょう》）三兄弟が住んでいました。長兄ウルヴェーラ・カッサパ（優楼頻羅迦葉）は五百人の、次兄ナディー・カッサパ（那提迦葉《なだいかしょう》）は三百人の、末弟ガヤー・カッサパ（伽耶迦葉《がやかしょう》）は二百人の門弟を率《ひき》いて、一同髪を束《たば》ねて頭上に法螺貝《ほらがい》のような形に結び、火神に仕《つか》え、祭祀供養や苦行に励んでいたのです。

釈尊はまず長兄のウルヴェーラ・カッサパから済度しようと、彼の庵《いおり》に行かれ、「もしお差し支えがなければ、聖火堂で一夜を過ごさせて頂きたいのですが」と言われました。しかしカッサパは三度まで「私に差し支えはありませんが、あそこには凶悪で神通力のある、猛毒を持った恐ろしい龍がいます。あなたに害を加えなければよいのですが」と申したのです。それでもなお「私を害することはないでしょう。どうか聖火堂を使わせて下さい」と言われたので、「それではお心のままにお過ごし下さい」と答えたのでした。

釈尊は聖火堂に入られると草の敷物の上に端然と両足を組んで坐られ、慈しみと威神力《いじんりき》を以て龍に対されました。釈尊の出現を怒った龍がもうもうたる煙を吐けば、釈尊も神通力によってそれ以上の煙を吐かれ、さらに狂ったように火炎を吐きかければ、釈尊も火光三昧に入ってより強い威力を持つ火炎を放たれる。ために聖火堂は将《まさ》に燃え上がらんばかりになりました。しかし釈尊は、どこまでも龍の体を全く損なわず、放たれる火力によってのみ龍の火力を消耗させ、調伏《ちょうぶく》しようと考えておられたのです。やがて、さしもの凶悪な龍も、まるで無害な小蛇になってしまいました。釈尊はそれを鉢に納めてカッサパにお見せになったのです。

釈尊が仏陀であられることを知らないカッサパは、本当に驚きました。(何たる大神通力、何たる大霊力だろう！　しかし私には及ぶまい)。名声に心がおごり、自らを最高に達した人間であると思い込んでいた老カッサパは、見るからに端麗で若く、まだ無名に近かった釈尊のお力の程が分からなかったのです。

そこで釈尊は、論理的な方法では無理であろうと、阿羅漢ならではの三千五百の神通奇蹟を折にふれて現わされたのです。

これには、さすがのカッサパも敬服してしまいました。それにもまして感嘆したのが、釈尊その方の偉大さだったのです。カッサパは、その釈尊から自分が決して最高に達した人間でもなく、そう成るための正しい道に達してすらいなかったことを教えられると、釈尊のおみ足に頭をつけて礼拝し、仏弟子にして頂きたいと願ったのでした。

けれども彼には五百人の門弟がいます。釈尊はその人達の意志を尊重するよう忠告を与えられました。カッサパはそれに従って門弟達に自分の決意を述べ、皆は思い通りの道を進むようにと伝えました。ところが一同はこれを聞くと、挙《こぞ》って髪や髻《もとどり》を剃り落とし、事火具《じかぐ》(祭火の儀式に用いる道具)・携帯品もろとも悉《ことごと》く河に流して、釈尊の御許に行き、師のカッサパと共に仏弟子となったのでした。

次兄のナディー・カッサパは、河上から髪や髻・事火具等が大量に流れて来るのを見て、兄に異変があったのではないかと、三百人の門弟を率いて尊者ウルヴェーラ・カッサパの所へ行きましたが、訳《わけ》を聞いて納得すると、自分達もまた同じように頭を剃り事火具等を河に流して、釈尊の御許に行って、全員が仏弟子となりました。

次いで末弟のガヤー・カッサパもまた、門弟二百人共々頭を剃り、すべてを河に流して、釈尊の御許に行き、仏弟子となったのです。

こうして釈尊の「さあ来るがよい修行僧よ。法はよく説かれた。正しく苦を滅尽するために、欲望を断ずる修行を行なえ」というお言葉によって、マガダ国における最強最大の宗教団体であった、火を崇《あが》める結髪行者カッサパ三兄弟とその千人の門人達が、改めて釈尊の許で出家し、仏教の修行僧となったのです。

やがて釈尊はウルヴェーラーからガヤーシーサ山（象頭山《ぞうずせん》）に向かって、カッサパ三兄弟と千人の新しいお弟子を率いて進まれ、ここに留まられました。新しいお弟子達は少し前までその手で薪を割り、火を燃やして火神に仕え、火神を祭っていた人達です。燃え上がる火の勢い、その時の火の色、火の形態、恐ろしいまでの激しさは誰よりも強く実感として心のひだの奥深くまで焼きついているはずでした。釈尊はこの人達に最も適《かな》った〈燃える火の教え〉をここで説かれたのであります。

「修行僧らよ、すべては燃えている。すべては燃えているというのはどういうことなのか？　眼は燃えている。その対象となる色形《いろかたち》も燃えている。眼の識別作用も燃えている。眼と色形と識別作用との接触も燃えている。眼との接触によって生ずる感受は、楽しいものであろうと、苦しいものであろうと、そのいずれでもないものであろうと、それもまた燃えている。何によって燃えているのであるか？　貪欲《むさぼり》の火によって、瞋恚《いかり》の火によって、愚痴《おろかさ》の火によって燃えている。生まれ・老・病・死・憂い・悲しみ・苦しみ・悩み・絶望によって燃えている……」

続いて耳・鼻・舌・身・意《こころ》についても同じように述べられました。そしてこの貪欲・瞋恚・愚痴という三毒の火によって、煩悩の猛火によって、この世のすべてが、あたかも燃えているようなものであると説かれ、

「このように見る優れた清浄な弟子は、そうしたものをすべて厭《いと》う。厭うことによって貪欲を離れ、貪欲を離れることによって解脱《げだつ》する。解脱した時、《私は解脱した》という知が生じ、『生まれることはすでに尽くされ、清らかな修行はすでに果たされ、なすべきことはすでになされ、もはやこのような迷いの状態に生まれることはない』と明らかに知るのである」と教えられました。

釈尊がこの〈燃える火の教え〉を説いておいでになるうちに、千人もの修行僧達は皆、執着が消え、もろもろの煩悩から心が解脱して、今度こそ本当に一人残らず最高の聖者阿羅漢になることができたのでした。

⑲　竹林精舎の奉献

さて、いよいよ釈尊は、かつて出家された直後、マガダ国王ビンビサーラと交《か》わされた約束を果たすために、王舎城《おうしゃじょう》へ向かわれることになりました。仏陀と成られた暁《あかつき》には、まず最初にお出で頂きたいというのが王の切なる願いだったのです。従っているのは新たに仏弟子となり、全員阿羅漢果という悟りの境地に達することのできた、かつての火神に仕える大バラモン、カッサパ三兄弟と、その門弟であった千人の修行僧達です。

この釈尊の一行は王舎城の近郊にあるラッティ林園に入られました。林園の番人からこれを聞いたビンビサーラ王は（遂に仏陀と成られたか――）と感無量で、菩薩であられた日の、余りにも気高く端麗であったお姿を昨日のことのようにありありと思い浮かべながら、大勢のバラモンや長者居士を従え、喜びに溢れて王宮を出たのでした。

王は釈尊の御許に近付くと、おみ足に頭をつけて恭《うやうや》しく礼拝し、懐《なつ》かしさと崇敬の念で胸をいっぱいにして、供の者達と一緒に一隅に坐りました。ところがこの時、バラモンや長者居士達の心にこんな思いがよぎったのです。（この若い偉大な修行者が、老カッサパに師事しておられるのだろうか。それともあの名だたる老カッサパが、この若い偉大な修行者の弟子となっているのだろうか）と。

釈尊は彼らの心中を察知されると、ウルヴェーラ・カッサパに、祭火を捨てて仏弟子となった理由を、詩をもって問いかけられました。カッサパも釈尊のお心を知ると、汚れとは何であるかを知ったが故に、犠牲にも供物にもとらわれなくなった旨を詩で答え、自分が釈尊の弟子であることを示すために、衣の右肩を出して最高の恭敬を表わし、頭を釈尊のおみ足につけて礼拝すると、

「尊師よ、私の師は世尊であり、私は世尊の弟子でございます」

と申し上げました。これを見た人々は、あれほどの誇りと自負心に凝り固まっていた老カッサパをさえ、かくも見事に教化された釈尊の偉大さに感嘆し、そのお徳を称《たた》えて止まなかったのでした。

釈尊は、王をはじめ並み居るバラモンや長者居士達のために、施・戒・生天の話をされ、次第に四諦《したい》の教えを説かれました。これによって国王はじめ一同は、清らかな法の眼《まなこ》を得ることができたのです。

ビンビサーラ王は感謝をこめて、自分が王子であった時に抱いた五つの望み――㈠王位に即《つ》くこと、㈡正しく悟った人が自分の領土に来ること、㈢その人を敬奉すること、㈣その人が自分に説法すること、㈤その教えを自分が理解できること――これらがすべてかなえられたこと、とくにかつての日の約束がこのような形で果たされたことへの深い喜びを述べ、三帰依《さんきえ》を唱えて在俗信者となりました。

こうして翌日の食事に釈尊とお弟子方全員を御招待して座から立つと、恭しく右回りの礼を取って帰って行ったのです。

ところが翌日になると、王舎城の住民という住民が、一目《ひとめ》釈尊を拝したいと、朝早くからラッティ林園に

向かって来たから大変です。林園も、林園に至る道も人でいっぱいになりました。人々は御仏の、美の極致としか言いようのない尊いお姿に、我を忘れて立ち尽くし、一人の修行僧すら抜け出ることができません。

これを知った帝釈天《たいしゃくてん》は、このままではいけない、釈尊に食事をお摂《と》り頂かなければと、天人の威力でまず自分の立つ場所を作り、立派なバラモン青年に姿を変えて前に出ると、次いで人混みの中に道を開け、釈尊とお弟子方を無事お通ししました。

お待ちしていたビンビサーラ王は、心をこめて手ずからお食事の世話をし、大布施を行なって、

「尊師よ、私は今や仏・法・僧の三宝なくしては生きて行くことができません。何時《いつ》でも世尊の御許に伺いたいと存じます。ラッティ林園は余りに遠すぎます。けれども私どものこの竹林《ちくりん》と申す園は、市街から遠からず近からず、往来にも便利で、仏にふさわしい住処でございます。世尊は何卒《なにとぞ》これを私からお受け取り下さいませ」

と黄金の水差しに、花の香りのただよう清らかに澄んだ水を汲み、世尊の御手に注いで、竹林園を奉献いたしました。

釈尊がそれをお受けになると、仏の教えが根付いたというので、大地が震《ゆ》れ動きました。このような事は、インドではこの時ただ一度だけであったと申します。釈尊は王に謝意を表して座から立ち上がられると、修行僧達を従えて竹林園に入って行かれました。

20 サーリプッタとモッガッラーナの帰仏

その頃サーリプッタ（舎利弗《しゃりほつ》）とモッガッラーナ（目連《もくれん》）の二人は、当時の自由思想家六師の中の一人、懐疑《かいぎ》

論者サンジャヤ・ベーラッティプッタの高弟として、二百五十人の弟子達の指導を任され、王舎城の近くにおりました。二人は共にマガダ国のバラモンの家に生まれ、バラモンの学生として教育を受けていましたが、幼い時からの親友で、ある日一緒に出掛けたお祭りのにぎわいの中で、共々に無常を感じて出家をし、解脱《げだつ》を求めてサンジャヤの門に入ったのです。けれども一途《いちず》に不死の涅槃《ねはん》を求めて止まない二人には、どうしてもサンジャヤの行き方に納得し切れないもの、食い足りない所があったのです。

そんな折も折、舎利弗はアッサジ長老（初転法輪の際の五人の修行僧の一人）が王舎城で托鉢をしている姿を見て、思わず息をのんだのです。何という静けさ、何と見事に整えられた心とその姿でしょうか。歩くにも見るにも体を一つ動かすにも、清らかさと落ち着きがあって端正であり、目は地に向けられていて自《おの》ずからなる威儀が全身に具《そな》わっているのです。（もしこの世に阿羅漢の悟りを得た人、またはそれに到る道を身に付けている人があるならば、この人はその修行者の中の一人である。私はこの修行者の所に行って尋ねよう。「あなたは誰によって出家し、誰を師とし、誰の法を信奉しているのですか」と。）こう考えた舎利弗は、托鉢が終るのを待ってその人の許に行き、挨拶をして申しました。

「あなたの感官はすべて清らかに澄んでいます。あなたの皮膚の色はこの上もなく清らかに輝いています。あなたは誰によって出家され、誰を師とし、誰の法を信奉しておいでになるのでしょうか」

「釈迦族出身の大修行者、私はかの世尊により出家した者であり、かの世尊を師とし、かの世尊の法を信奉しております」

「尊者の師は何を主張し、何を説かれるのですか」

「私は未だ出家して日も浅く、十分に法を説き示すことはできません」

アッサジ長老が注意深く、すべてに言葉を控えてこう言うと、舎利弗は真剣に、

「少しでも結構です。要点だけをお話し下さい」

と頼みました。そこでアッサジ長老は、

「すべてのものは原因から生じる。

如来はその原因を説き給う。

またそれらの止滅《しめつ》をもお説きになる。偉大なる修行者はこのように説き給う」

と述べました。これを聞いただけで、抜群に聡明な舎利弗は聖者の最初の境地である預流果《よるか》に達して、「生《しょう》ずるものはすべて滅《めっ》するものである」という塵《ちり》も汚《けが》れもない法の眼を生じたのです。

舎利弗は、これこそ自分の求めていた教えであると、直ちに無二の求道の友でもある目連の所へ行きました。目連もこれを聴くと、同じように預流果に達して法の眼を得ました。

二人は師匠であったサンジャヤに会って訳《わけ》を話し、引き止められるのを振り切って別れを告げ、釈尊の許へ向かったのです。この時二百五十人の弟子達もまた、二人と行を共にしました。

釈尊は舎利弗と目連が遠くから来るのを御覧になると、

「修行僧達よ、向こうから二人の親友がやって来る。あの二人は私の弟子中、最も優れた双璧となるであろう」

と告げられたのです。

二人は二百五十人の者達と共に釈尊の御許に至ると、釈尊の黄金のようなおみ足に頭をつけて礼拝し、

「尊き方よ、私達は尊師の御許で出家致したく、受戒を得たく存じます」

と願いました。釈尊は、

「さあ来るがよい修行僧達よ。法はよく説かれた。正しく苦を滅尽するために、欲望を断ずる修行を行

なえ」

と仰せになりました。これが彼ら尊者達の受戒でありました。

こうして目連は七日目に、舎利弗は半月経って阿羅漢果に達したのです。

釈尊はこの二人を共に第一の弟子の地位に置かれました。修行僧の間で、後から来た者が首席に置かれたというので不平が出た時、釈尊は、

「これは皆、両人の前世の誓願によるもので、私の依怙《えこ》の沙汰ではない」

と諭《さと》されました。ちなみに、この二人は遠い遠い昔、アノーマダッシー（高見）仏の御許で共に出家をしたことが伝えられています。

釈尊のお言葉に違わず、二人は十大弟子中、特に抜《ぬき》ん出た二大弟子として、修行僧達の畏敬と敬愛の的《まと》となり、舎利弗は智慧第一、目連は神通第一と称されたのであります。

このようにして、経典に見られる千二百五十人という仏弟子の数も今は動かぬものとなり、仏教教団は日を追って確固とした形を整えて行ったのです。

21 マハーカッサパの帰仏

マハーカッサパ（摩訶迦葉《まかかしょう》）が金剛のような信と、何物にも代え難い喜びをもって仏弟子となったのも、この頃ではなかったかと思われます。

王舎城の近郊に住む、大富豪のバラモンの家に生まれたマハーカッサパは、小さい時から聡明で、世俗の欲望や楽しみにはまるで心を動かされませんでした。両親の決めた妻が幸いにも、全く同じ心情を持つ婦人

であったところから、二人は申し合わせて形ばかりの夫婦で通し、十二年経って両親が他界すると、ばくだいな資産を捨て、出家剃髪《ていはつ》してそれぞれ修行者としての道に入ったのです。

釈尊はいよいよマハーカッサパの機が熟し、仏弟子となるべき時が来たのを察知されると、竹林精舎を出て、王舎城とナーランダーの間のバフプッタカ・バンヤン樹の下に行かれ、仏陀としての尊厳と慈悲の光を、三十二の瑞相、八十種の吉相を悉《ことごと》く具備された黄金色に輝く御身から十方に放って、端然とお坐りになりました。そこへ何かに導かれでもするように近付いて来たマハーカッサパは、釈尊のお姿を一目拝するなり、(このお方こそ我が師であられる。このお方こそ真に正覚を得られた如来であられる)と、身の震えるような喜びと畏《おそ》れに、生まれて初めての激しい感動を覚えたのです。

マハーカッサパは一心に釈尊のおみ足に頭をつけて礼拝し、頭を上げると右膝を地につけて掌《て》を合わせ、一語一語に真実の限りをこめてお願いしました。

「世尊よ、私は世尊の弟子でございます。どうか世尊よ、願わくば私のために師とおなり下さいませ。私は世尊の弟子でございます」

合掌して捧げられた手は、あたかもマハーカッサパの魂そのもののようでありました。

釈尊は懇切に修道上の心得を教え諭《さと》され、四諦を説いて仏弟子とされました。マハーカッサパもそれに応《こた》えて懸命に励んだ結果、八日目には遂に悟りを開いて阿羅漢果を得たのです。

釈尊が坐をお立ちになると、マハーカッサパは身に着けていた自分の新しい衣を釈尊に献じ、釈尊の御衣、塵《ちり》・芥《あくた》の中に捨てられていたぼろきれ、それをつづり合わせて作った糞掃衣《ふんぞうえ》を頂いて身に着けました。

マハーカッサパにとってこの御衣は、釈尊が御身に着けておいでになったものであり、さらに糞掃衣という最も粗末なものであるという二重の意味で、言葉には尽くし難い大きな意味を持っていたのではないでしょうか。以来、マハーカッサパはどのようにそれがぼろぼろになっても、大切に身に着けていたと言われ、ある伝えによれば、最後にマガダ国の鶏足山に登り、弥勒仏の出世を待って入定するその時にも、釈尊より賜わったこの糞掃衣を身に着けていたとされています。

マハーカッサパは十大弟子の中でも、ことに衣・食・住への貪《むさぼ》りを払い除く修行に秀で、頭陀《ずだ》第一と言われました。そして少欲知足にして清廉な人柄、力量・徳行共に卓越した教団の上首として、釈尊からも深い信頼をよせられました。釈尊入滅後、口から口へ伝えられた教えが散じ消えてしまうのを防ぐために、五百人の有能な修行僧を集めて、合誦《ごうじゅ》・整理するという第一回の編集会議を開いたのも、この人でした。

マハーカッサパという名前は、他の迦葉たち、特にクマーラ・カッサパ（鳩摩羅迦葉）と区別するために、また偉大な徳を具えていたところから、偉大なるという意味の摩訶を付けてマハーカッサパと呼ばれたと言われています。

ところで、かつて形だけとはいえマハーカッサパの妻であった婦人は、初め外教に入って修行をしていましたが、後、仏教に比丘尼教団が設けられるとその教団に入り、やがて悟りを開いて阿羅漢となり、バッダー・カピラーニー（跋提迦比羅尼）という名ある尼僧となりました。

第五編　釈尊の遊行と教化

㉒ 父王よりの使者

釈尊が王舎城に近い竹林園で、三界の大導師として甚深微妙《じんじんみみょう》の法を説き、多くの人々を教化しておいでになることを聞かれた釈尊の父スッドーダナ王は、さっそく廷臣の一人を呼んでお命じになりました。

「そちは千人の者を引き連れて今すぐ王舎城へ向かい、竹林園に参って伝えるのじゃ。《余が会いたがっている》とな。こう申して王子を連れて来てくれ」

廷臣はかしこまって命を受け、千人の人々を連れて六十由旬《ゆじゅん》の道を急ぎました。そしてやっと着いた時、竹林園では釈尊が、僧俗男女よりなる四種のお弟子方の中で、朗々と梵音を響かせて法を説いておいでになりました。

廷臣は王の伝言は後にしようと、自分達もまた、お弟子方の端でお説法に聴き入っていましたが、一同はそのままそろって阿羅漢果に達し、釈尊に出家を願い出たのでした。

釈尊は「さあ来るがよい修行僧達よ」と手を差しのべられました。その瞬間、一同は神通力によって作り出された鉢と衣を持って、まるで百歳の長老のようになっていたのです。阿羅漢果に達した聖者は物事に頓着しなくなりますので、この廷臣も王の言葉を釈尊にお伝えしなかったのです。

一方、父王は、遣《つか》わした廷臣から何の音沙汰もなく、誰一人帰っても来ないのを不審に思われ、再び千人の者と共に次の廷臣を遣わされました。けれどもこの人達もまた、前の時と全く同じように釈尊のお説法に聞き入って阿羅漢果に達し、黙ってそのまま竹林園に留まってしまいました。

父王はそれでも繰り返し繰り返し九人の廷臣を同様にして遣わされましたが、結果は皆同じだったのです。そこで王は御自分の大切な腹心であり、釈尊と同時に生まれ、泥遊びの仲間でもあったカールダーイン（迦留陀夷）を呼んで頼まれました。

「カールダーインよ、余は王子に会いたいと、これまでに九千人の者達を遣わした。しかし誰一人として未だに返事すら持ち帰らぬ。命は計り難いものじゃ。余は何としても存命中に王子に会いたいと思う。そちには、それができぬものであろうか」

カールダーインは、出家をお許し願えますならば、と申し出た上で、この役目をしかと引き受け、父王の手紙を携えてカピラワッツの城門を出発しました。

㉓ 釈迦国へ誘うカールダーイン長老

父王の切なる願いを一身に受けて、王舎城へ向かったカールダーインは、仏と成られた幼友シッダッタ王子を思うと、一刻も早くと心は急《せ》かれ、供の者達もまた、申し合わせたように道を急ぎました。

一行が竹林園に着いた時、釈尊は大勢のお弟子方に囲まれて、妙《たえ》なるお声で法を説いておいでになりました。カールダーイン達は聴衆の端に立ったまま、旅の疲れも忘れて法話に耳を傾けていましたが、それは胸の奥底深くまで沁みわたり、身も心も洗い清められて行く、言葉にならない感動だったのです。

と、この時もまた、全員そろって聖者の最高の境地、阿羅漢果《あらかんか》に達していたのです。そして「さあ来るがよい、修行僧達よ」という釈尊のお言葉によって、これまでの使者達と同じように出家をしたのでした。ただカールダーインは阿羅漢になっても、王命を忘れませんでした。

さて、ふり返って見ますと、釈尊がお悟りを開かれたのは五月の満月の日でありました。それからしばらく経って鹿野苑《ろくやおん》へ行かれ、ここで三ヵ月を過ごされました。次いでウルヴェーラーでカッサパ三兄弟を教化なさるために三ヵ月を費やされ、お弟子となったこの一団を従えて王舎城に赴かれたのがプッサ月（十二～一月）の満月の日でした。そしてここに二ヵ月滞在しておいでになる間に、いつしか寒期はすっかり過ぎて、快い春の季節になっていました。カールダーイン長老が来てからも八週間が経っていたのです。

長老はパッグナ月（二～三月）の満月の日に考えました。（人々が稲などを刈り取って運び出した。そのために、どこにでも道ができている。大地は青草に覆われ、森の茂みは美しい花々をつけている。飢饉の心配もない。今こそ世尊が修行僧達を率《ひ》き連れて、釈迦国へ向かわれる最適の時だ）と。

そこで長老は釈尊のお側に行くと、美しい六十の詩を連ねてカピラワッツへの旅をほめ称え、父王のお心のほどを伝えて、親族の方々に法の恵みをお分《わか》ち下さるよう願いました。

釈尊はそれをお受けになりました。こうして修行僧達も旅の支度を整え、釈尊はいよいよ故郷へ向かわれることになりました。

アンガ（央伽）国とマガダ国の人々が一万人、カピラワッツの人々が一万人、合わせて二万人の煩悩の汚れの無い修行僧達を従えて、六十由旬の道を一日一由旬ずつ進まれるという、急がぬ旅に出られたのです。

カールダーイン長老は、この事を少しでも早くカピラワッツに居られるスッドーダナ王にお知らせしようと、空中へ昇って飛び、空から王宮に姿を現わしました。

父王の喜びはたとえようもありません。高価な座卓をすすめて坐らせ、自分のために用意された御馳走を手ずから長老の鉢に盛って差し出されました。ところが長老はその鉢を持つと、すっと立ちあがってそのまま出て行こうとします。王が驚いて引き止めようとすると、長老は、

「大王よ、私は世尊のお側へまいって頂戴いたします」

と答えました。王はこの言葉を聞くと思わず全身をのり出し、

「して世尊は今、どこにおいでになるのですか」

と問われる声も震えています。長老は、

「大王よ、世尊はあなたにお会いになるため、二万人の修行僧を従えて、先程こちらに向かって旅立たれました」

と微笑を浮かべて答えました。王は世界中の花が一度にぱっと開きでもしたかのように、満面に喜びの色をみなぎらせ、

「尊者よ、あなたはどうか、まずはそれを召し上がって下さい。そして私の王子がこのカピラワッツの都に着くまでの間、ここから毎日、王子のために食べ物を運んでは頂けますまいか」

と昔ながらの慈愛に満ちたまなざしで頼まれました。長老は言うまでもなく快諾しました。

長老が食事を終えると、父王はいろいろと鉢に良い香りをつけて最上の食べ物を盛り、

「全き人如来に、何とぞこれを差し上げて下さい」

と長老の手に渡されました。長老は宮廷の人々皆が見ている前で、その鉢を空高く投げ上げ、自分も空中に昇ってその鉢を持つと、釈尊の御許にお届けしたのでした。

こうしてそれからは、カピラワッツへの旅の間中、釈尊は父王から献じられた食べ物だけをお召し上がり

になったのです。

一方、カールダーイン長老は、毎日王宮で食事を終わる度毎に、「今日、世尊はこれだけ来られました」と旅の行程を報告すると共に、必ず、正覚を得られた仏の、普通の人間にはとうてい計り知ることのできない偉大なお力、優れた数々の特質、仏の具えておいでになる徳性などについて詳しく繰り返し話して人々の心を善きものに向かわせ、尊い法の世界へ導き入れていました。そのため、王族全員がまだお目にもかからぬ中から、釈尊に対する信仰心を懐くようになっていたのです。

釈尊はこのカールダーイン長老を、お弟子の修行僧の中で、在家の信者を清める第一人者として認められたということです。

24　釈迦族を化導した奇蹟

釈尊がお着きになるというので、釈迦族の人々は協議をして、親族中で最も勝れたお方が滞在される場所として、釈迦族のバンヤン樹園を選びました。すべての準備を整えた一同は、まず美しく盛装させた少年少女を先頭に、次は王子と王女、続いて釈迦族の人々が手に手に香や花、香粉などを捧げて世尊をバンヤン樹園へ御案内しました。

釈尊は煩悩の汚れの無い二万人の修行僧達を従えて、立派な設けの座に着かれました。

ところが釈迦族には性来、高慢不遜な性癖があって、そのために大きな禍《わざわい》すら引き起こしていたのです。この時にもこの人達は、釈尊への信仰心を懐きながらも、そんな悪い癖が出て、（シッダッタ王子は我々より年が若い。我々の弟であり、甥であり、息子であり、孫である）などと考えてしまったのです。そして年少の王子達に仏を礼拝するように言い、自分達はその後ろに礼拝をしないで坐ったのでした。

彼らのこうした胸の中を知られた釈尊は、高慢不遜な性癖を持つ釈迦族の人々を化導するために、どのような阿羅漢といえどもなしがたい、仏でなければかなわぬ奇蹟を現わされました。

釈尊は虚空に昇られると、釈迦族の人々が見上げる頭の上をお歩きになった後、ゆったりと空中に両足を組んでお坐りになりました。この時、如来の下身からは六種の美しい水が流れ出て、それは地獄の果てまでをも潤《うるお》さんばかりに降り注ぎ、上身からはこの世のものならぬ光が立ちのぼって、それは梵天の世界にまで達するものと思われました。一同は呆然として声も出ません。

やがて如来のお姿は再び静寂そのものに返られ、さらにその一つの仏身が次には数知れぬさまざまなお姿となつて、仰ぎ見る虚空に出現されました。そして時を経てまた、元の一仏となって寂光を放たれたのでした。

これには父王がまず驚嘆してしまわれました。

「世尊よ、あなたが生まれられた日、アシタ仙人に礼拝をさせようとお連れしましたところ、あなたの小さなおみ足がさっと動いて仙人の結髪に付きました。それを見て私は、あなたを礼拝いたしました。これが私の第一の礼拝です。また種蒔きの儀式の日、閻浮樹の木蔭の臥床で、あなたが禅定に入っておいでになると、閻浮樹の影もまた静止していたのです。この時も私はあなたを礼拝いたしました。これが私の第二の礼拝です。そして今、かつて見たことのないこの偉大な奇蹟を目のあたりにして、私はあなたに礼拝をいたします。これが私の第三の礼拝であります」

と言って深々と礼拝をされました。この王を見て共に礼拝をしない者は一人もありませんでした。

釈尊が空から降りて来られ、設けの座にお着きになると、親族の喜びは頂点に達しました。釈迦族の人々は全員、心を一点に注いで静かに坐っていました。するとこの時大きな雲が群り出て、雨が降り出しました。蓮の葉に降った雨がころころと跡形もなくまろび落ちて行くような蓮雨《れんう》、それも赤銅色の雨が、音を立てて降って来たのです。その雨は、濡れたいと思う者だけが濡れ、濡れたくない者の体には一滴も留まらないで落ちて行くふしぎなものでした。

これを見た一同は、奇異の感に打たれて驚くばかりでしたが、釈尊は、

「私の親族の集まりに、蓮雨が降ったのは今ばかりではない。過去にも降ったことがある」

と仰せになり、かつて布施の究極を行じ、最愛の妻子までをも求める者に与えられたヴェッサンタラ王子（のち王）としての最後の生《しょう》で、遂にはすべてが喜びに変わり、親族が巡り合った時、蓮雨が降ったという「ヴェッサンタラ前生物語」を説いて聞かされたのでした。

人々はそのお説法を聞き終わると、全員世尊を礼拝して立ち去りましたが、この時、王もその高官も誰一人として、翌日のお食事を御供養したいと申し出る者がありませんでした。

㉕　カピラワッツでの托鉢とヤソーダラー妃

釈尊は明くる日、二万の修行僧を従えて、カピラワッツの都へ托鉢に入って行かれました。しかしどうしたことか、「私どもでお食事をお受け下さいますよう」と願う者もなければ、鉢を受け取ろうとする者もありません。釈尊は都の城門の側に立って考えられました。

（昔の諸仏はどのようにして、親族の都で托鉢をされたのだろうか。順を追わずに権力ある人々の家のみを回られたのであろうか。それとも順次、戸毎に托鉢をして歩かれたのであろうか――）と。

そして一仏として順を追わずに托鉢をされた方のないことを知られると、（私もこの伝統、この習慣を守らなければならない。将来私の弟子達も、私に倣って、この托鉢の義務を全うするであろう）と、一番端の家から順に托鉢をして歩かれたのでした。

都の人々はあの高貴なシッダッタ王子が托鉢に歩いておいでになるというので、二階建て、三階建て、さらに高い楼閣の窓々からも、お姿を一目見ようと懸命になっていました。

ラーフラ王子の母なるヤソーダラー妃もまた、かつてこの同じ都の中を、黄金の輿《こし》に乗り、豪華な装身具や衣服を身に着け、王者の栄光を一身に集めて巡行しておいでになったシッダッタ王子の、香り立つような美しさ凛々《りり》しさを思い起こしながら、（今はあの美しい髪も鬚も剃り落とし、身には黄衣をまとって鉢を手に、托鉢をして歩いておいでになるという。どのような御様子なのであろうか——）と、そっと小さな窓を控え目に開けて外を御覧になりました。が、そこには、あの世にも麗わしく立派であられた王子のお姿すら及びもつかない、俗世をはるかに超えた崇高さ、近寄り難いまでの美しさで、静かに歩を運ばれる世尊のお姿がありました。

黄衣をまとわれたお体から出る、さまざまな色の美しい光は都の大路を照らし、お身の回りには一ひろにも及ぶ光明が満ち満ちて、八十種の吉相、三十二の瑞相を悉《ことごと》く具《そな》えられ、仏の偉大なる尊厳をもって輝きわたっておいでになったのです。

ヤソーダラー妃は感動の余り、〈人中の獅子〉という詩をもって仏陀と成られた至上のお方、かつては夫であられたシッダッタ王子を讃嘆されました。

ヤソーダラー妃から、王子がカピラワッツの都を托鉢して歩いておいでになることを知らされた父王は、気も転倒せんばかりに驚いて、走るように王宮から出ると、釈尊の前に立ちふさがられました。

「世尊よ、どうしてあなたは私達にこのような恥ずかしい思いをおさせになるのです。何のために托鉢をなさるのですか。これだけの修行僧の食べ物が、用意できないとでもお思いになったのですか」

「大王よ、これが私達の伝統の作法である」

「世尊よ、我等の伝統はマハーサンマタの王族の系統ではありませんか。そこには一人として乞食《こつじき》をして歩いた者はおりません」

「大王よ、それは王の系統であるが、私達のは燃灯仏《ねんとうぶつ》以来の仏の系統である。これら諸仏も托鉢をされ、托鉢によってのみ生を保たれたのである」

釈尊はこう仰せになると街頭に立たれ、よく響く澄んだお声で、

　奮起せよ、放逸であってはならぬ、

　善行の生活を修せよ、

　善を行なう者は安らかに臥す、

　この世でもあの世でも。

という詩を唱えられました。

これを聞いて聖者の最初の境地・預流果《よるか》に入られた父王は、釈尊の鉢を取り、釈尊と修行僧全員を大宮殿に招いて、特別に味の良い食べ物を品々取りそろえ、十分に行き届いた御供養をされました。

食事が終わると、後宮に居る人々は皆出て来て世尊を拝しました。けれども唯一人ラーフラの母なるヤソーダラー妃だけは出て来ませんでした。侍女達がどんなにすすめても、

「もし私に徳があれば、王子さまは御自分で私の所へお出で下さいましょう。その時、私はあの尊いお方を礼拝いたしましょう」

と言うばかりだったのです。

やがて釈尊は、父王に鉢をお渡しになり、最上首の弟子である舎利弗と目連の二人を伴って、ヤソーダラー妃の館に行かれました。この時、釈尊は三人に、

「王女がどのようにして私を礼拝しようとも、決してそばから何も申してはならない」

と固く言い渡されてから設けの座に着かれました。

お越しを知ったヤソーダラー妃は、急いで出て来ると世尊の御許にひざまずき、両の御足首を美しい二つの手でしっかりと握り、黄金のようなおみ足の甲に頭をすり寄せ、万感の思いをこめて心ゆくまで礼拝をするのでした。

この礼拝が済んだ時、父王はこう述べずにはいられなかったのです。

「世尊よ、私の娘はあなたが黄衣をまとわれたと聞いた時から、黄色い衣服を着るようになりました。あなたが日に一食しかお摂りにならないと聞けば、自分もまた日に一食しか摂らず、あなたが大きな臥床をお使いにならないと知ると、自分もまた布切れで作った臥床を使い、あなたが花輪や香などを遠ざけられたことを知ると、自分もまたそれらを遠ざけたのです。また、自分の親族が《私達がお世話をしよう》という便りをよこして来ても見向きもせず、親族の一人にさえ会おうとはしなかったのです。世尊よ、私の娘はこのような徳を具えているのです」

これを聞かれた釈尊は、

「大王よ、今、王女はあなたによってしっかりと保護され、知識も十分に具わっている。それ故、自らの身をそのように守ったとしても少しもふしぎではない。この人は前の世で、誰の保護もなく山の麓に

いて、知識もまだ発達していなかったその時でさえ、自らの身をよく守ったことがある」こうおっしゃって、その前世での話「チャンダ・キンナラ前生物語」を述べられたのです。

㉖ チャンダ・キンナラ前生物語

昔、バーラーナシーでブラフマダッタ王が国を治めていた時、ヒマラヤのチャンダという銀の山に、半人半鳥の天の楽人チャンダ・キンナラ（緊那羅）の夫婦が仲むつまじく住んでいました。

その頃バーラーナシーの王は国を大臣達に任せ、自分はただ一人、二枚の黄衣に身を包んで、剣・槍・弓・斧・楯の五つの武器を携えてヒマラヤに入っていました。王は鹿の肉を食べながら、ある小川に沿って上流へ登って行きました。

ところで、チャンダ山のキンナラ達は、雨の季節の間はその山だけに住み、夏になると山から下りて来ます。チャンダ・キンナラもまた、妻の夏が来たので妻のチャンダーと一緒にいそいそと銀の山から下りて来ました。二人はあちらこちらで香を塗り、花粉を食べ、花の衣を身にまとって、つる草のゆらぎに戯《たわむ》れ、甘く優しく美しい声で歌いながら、その小川の曲がり目に来ました。そして水に花をまいて水遊びをし、また花の衣を身に着けて、銀板のように美しい砂の上に花のしとねを作りました。夫はその上に坐って竹の棒を巧みに鳴らして歌を歌い、妻はその側《そば》で、黒く大きな目をきらきらと輝かせ、か細く、なよやかな腕を曲げて、幸せそうに踊ったり歌ったりしていたのです。

王は歌声を聞いて、そっと近くの物蔭からこの様子を見ていましたが、たちまち妻のキンナラに心を奪われてしまいました。そこで（夫のキンナラを殺そう。そしてあの女と一緒に暮らそう）と考え、弓に矢をつがえて夫のキンナラを射たのでした。

チャンダ・キンナラは苦痛にあえぎ、傷口から血を流して、刻々迫る死を目前にしながらも、何より心にかかるのは、自分の死を悲しむ妻のことばかりでした。チャンダ・キンナラは妻の気持を思って涙を流しながら、やがて気を失って花のふしどに倒れてしまいました。

突然の事で、はじめは何も気付かず、踊ったり歌ったりしていた妻のチャンダーも、夫が倒れているのに気が付き、それも唯事《ただごと》ではないのを知ると、驚きと悲しみの余り気も転倒して、ただ大声を上げて泣くばかりでした。

しかし、そこへ（もうキンナラは死んだろう）と出て来た王の姿を見て、それと知ったチャンダーは、急いで銀の山へ逃げ帰りました。そして山頂に立ち、愛する夫を自分への劣情から無法にも射殺した王へ、怒りとのろいの言葉を思うさま投げつけました。それでもなお追いかけてきた王は更に、「泣いてはいけない」と事も無げになぐさめ、黒い目の美しさをほめて、

「お前は私の妃となって、王宮で大切にかしずかれる身となろう」

と言いました。

これを聞いたチャンダーは「お前は何という事を私に向かって言うのか」と絶叫し、「私は死んでもお前のものにはならないだろう。お前は私への劣情から罪もない我が最愛の夫を殺したのだから」と吐き捨てるように言ったのです。王もこれにはさすがに興をそがれて去って行きました。

王が居なくなると、彼女はすぐさま山から下りて夫を抱きしめ、山の頂上まで運び上げて台地に寝かせると、頭を自分の膝にのせて悲しみにくれたのでした。

共に遊んだ山々を、洞穴を、木の葉や花が散り敷くその上を猛獣達がゆったりと歩いていた快い場処を、

花に満たされていた清い谷川を、色とりどりに輝く美しいヒマラヤの峰々を、夜叉《やしゃ》の群れやキンナラ達が住む薬草に覆われた香酔山《こうずいせん》などを思うにつけても、涙は溢《あふ》れるばかり、心細さ、寂しさはつのるばかりでした。が、この時ふと手を置いた夫の胸に温かみを感じたチャンダーは、(チャンダはまだ生きている！　神々に訴えて生き返らせよう）と、死にもの狂いで叫びました。

「世界の守護神はいないのか。それとも旅に出て留守なのか。もしくは死んでしまったのか。私の愛しい夫を守らないとは！」

彼女の烈しい熱意は帝釈天《たいしゃくてん》に届きました。そこで訳《わけ》を知った帝釈天はバラモンの姿になって二人の側《そば》に降りて来ると、水瓶から水をすくってチャンダの体にふり注ぎました。すると、みるみる毒は消え、血の気が通って、射られた所さえ分からなくなってしまったのです。

夫が元通り元気になって立ち上がったのを見た妻は、バラモンの足下にひざまずいて礼拝し、泣いてお礼を述べました。帝釈天は彼らに「これからは人間の居る所に下りて行ってはならない。チャンダ山だけに住んでいなさい」と忠告を与えて帰って行きました。

キンナラの夫婦は手に手を取り、睦言《むつごと》を交わしながら、花の衣をひるがえして嬉し気にチャンダ山へ帰って行ったのでした。

この時のチャンダ・キンナラは釈尊の、夫への貞節を守り通した健気《けなげ》な妻チャンダーはラーフラの母なるヤソーダラー妃の、前の世での姿であったことは申すまでもありません。

㉗ ナンダ王子の出家

釈尊がカピラワッツの都へ来られて二日目、その日は釈尊の異母弟ナンダ（難陀《なんだ》）王子の立太子式と新宮殿への入居式、婚礼の式が華やかに執り行なわれていました。王位継承者であったシッダッタ王子が出家されたため、生母マーヤー夫人亡き後、王妃となってシッダッタ王子を大切に慈《いつく》しみ育てられた母妃の妹マハーパジャーパティーの実子ナンダ王子が、その後を受けられたのです。

釈尊はナンダ王子の宮殿に行かれ、王子を出家させようと「鉢」を王子に手渡され、祝呪を唱えられると座から立って、そのまま出て行かれました。王子も「仏鉢」を手に、釈尊に付いて宮殿から出て行かれます。

これを知ったお妃のジャナパダカリヤーニーは、

「王子さま、すぐおもどり下さいませね」

と言って、この国きっての美貌を、今日はことに晴れの日とあって一段と輝かせ、半分髪を乱したまま、ほっそりとして貝のように丸く美しい首を伸ばし、思いを込めた、鹿のように大きく切れの長い目で、じっと王子を見つめていたのです。

王子は後ろ髪を引かれる思いで、さりとて世尊に「鉢をお返し致します」とも申し上げられず、一足一足ためらいながらも、とうとう僧院まで付いて行ってしまわれました。

王子は世尊を深く崇敬していました。しかし、自分が出家しようなどとは夢にも考えていなかったのです。在家の王族として、世尊や修行僧方への御供養は力一杯させて頂く所存でした。しかし、王者の栄光と権勢、何一つ不自由のない豪奢な生活、かてて加えてあの世にも美しく、初々しく、魅力溢れるジャナパダカリヤーニーとの結婚、それらを捨てて、どうして出家などできましょう。

けれども釈尊は、家を捨て出家することの功徳を、根気よく繰り返して説かれました。それでも王子は出家を望みませんでしたが、世尊への押さえ難い崇敬の気持から、どうにもことわりきれなくなって、「世尊よ、私は出家致します」と申し上げてしまいました。

けれども、いよいよ剃髪師が来ると、やはり剃らせようとはされません。すると釈尊は正念正意を以て仰せになりました。

「来《きた》れ汝修行僧よ。我が法中に入り、梵行を行ぜよ。諸苦を尽くさんが故に」

このお言葉と一緒に、王子の鬚《ひげ》も髪も自然に落ちていたのです。こうして遂に釈尊はナンダ王子を出家させておしまいになりました。カピラワッツの都を訪れられてから三日目のことです。

しかし王子は、何分にも心から望んで出家した訳ではありません。ですからその後も気持が定まらず、宮殿を出る時のジャナパダカリヤーニーの言葉が耳から離れなかった上に、どうしても王子としての生活が忘れられませんでした。そこで折を見ては逃げ帰る機会をねらっておられたのですが、何時も釈尊の不可思議なお力によって、それは不首尾に終わっていたのです。六群比丘と言われるような悪友たちにも近付いて、修行に身の入らない生活を送ってもいましたが、釈尊はその都度、あくことなく、適切な教導を続けておいでになったのです。

ある時など、またもやジャナパダカリヤーニーへの思いに悩み苦しんで、血管が浮き上がって見えるような状態になってしまわれました。これを知られた釈尊はその手をしっかりお取りになると、神通力でヒマラヤに向かって共に空を飛びながら、燃えている田の中の燃えている切株に坐っている雌猿が、鼻も尾も切られ、体の毛は焼けて皮膚は火傷《やけど》だらけ、皮だけの血まみれになっている姿をまざまざと見せられました。

次いで三十三天に連れて行って五百人の、これはもう人間世界では絶対に見ることのできない、完璧な美しさを具えた天女達をお見せになりました。そして尋ねられました。

「この天女が美しいか、ジャナパダカリヤーニーが美しいか」

「世尊、ジャナパダカリヤーニーと、かの見苦しい雌猿との差ほど、天女とジャナパダカリヤーニーとは差がございます」

こう答えた時、今度は天女で心がいっぱいになっていたのです。そしてその天女を得るためには、沙門《しゃもん》の修行をすればよいという保証を釈尊から頂くと、それからは熱心に修行に励むようになられました。そして、いつしかこの方便としてのお導きが契機となって、まわりの修行僧達からも遠ざかり、ただ独り不放逸に、真剣に、熱烈に修行に没入して行かれたのです。もう天女は問題ではありませんでした。こうして遂には俗念から完全に離れ、

「泥土の沼を越え、欲の荊《いばら》を破り、愚癡《ぐち》の滅に達し、楽苦に慄《ふる》えることなき彼こそは、真の修行僧である」

と釈尊が感興の言葉をお述べになるまでになられたのです。

また、ナンダ尊者は時に遠目には釈尊と見間違えられるほどであったと言われ、三十相を具え、体は金色で、際立《きわだ》ったその端正な美しさは、人々の目を見張らせずにはいなかったと申します。そうしたことも、また王子としての名残りもあったのでしょうか、出家後も美しい衣に身を飾り、目の端を染め、美しい鉢を持つなどしてもおられたのでしたが、釈尊から、

「森に住み、托鉢をし、糞掃衣《ふんぞうえ》を着け、欲を望まない生活こそ、真の出家に適《ふさ》わしいのである」

と諭《さと》されて、そのようになる日を待ち望まれていました。そしてやがて、すべてが釈尊のお教え通り、期待

通り立派に果たされて、最高の聖者阿羅漢《あらかん》となられたのでした。

㉘ ラーフラ王子の出家

さて、七日目になった時、ラーフラ（羅睺羅《らごら》）の母なるヤソーダラー妃は王子ラーフラに飾りを着けさせ、釈尊の所へ行かせました。

「王子よ、御覧なさい。あの二万人の修行僧を従えておいでになる、黄金色に輝く梵天のようなお姿の御出家を。あのお方こそあなたの父上なのです。あの方には沢山の財宝がおありになりました。あなたは行って《父上、私は王子ラーフラでございます。灌頂《かんじょう》の式が行なわれますと私は転輪聖王《てんりんじょうおう》になります。財宝が必要です。私にそれをお与え下さいませ。子は父の遺産の主でございます》こう申し上げて、財産を頂いてきなさい」

こう教えられた王子は釈尊のお側《そば》へ行きました。生まれて初めてお会いしたというのに、父に対する限りない愛情を覚えた王子は「御出家さま、あなたの蔭は楽しいです」と言って立っていました。釈尊が食事を終えて謝意を表され、座から立って出て行かれると、王子は「御出家さま、私に財産をお与え下さい。御出家さま、私に財産をお与え下さい」と言って釈尊について行きました。釈尊も王子を帰そうとはなさらず、王子の従者達もまた、そのままついて行ったのです。

こうして王子は釈尊と共にバンヤン樹園の中に入ってしまいました。釈尊は考えられました。

（この子は父の財産を求めている。しかしそれは輪廻《りんね》を伴い苦悩を惹《ひ》き起こすものである。この子には悟りの座で得た七種の聖なる財産――信心・戒め・内心への恥・外部への恥・博聞・施捨・智慧という

七つの徳目――を与えることにしよう）

と。そこで舎利弗《しゃりほつ》尊者を呼ばれ、

「そなた、このラーフラ王子を出家させなさい」

と仰せになりました。舎利弗はこのように年端のいかない子供の出家は初めてのことなので、どのようにすべきかを釈尊に伺いました。この縁によって釈尊は、

「修行僧達よ、三帰依を以て沙弥《しゃみ》（見習い僧）を出家させることを許す。それにはまず鬚髪《しゅほつ》を剃り、黄衣を着け、上衣の右肩を出し、修行僧の足を礼拝し、右膝を地につけて合掌を捧げさせ、次のように唱えさせるがよい。《仏に帰依し奉《たてまつ》る、法に帰依し奉る、僧に帰依し奉る。二たび……三たび仏に帰依し奉る、三たび法に帰依し奉る、三たび僧に帰依し奉る》。修行僧達よ、このような三帰依《さんきえ》を以て沙弥を出家させることを許す」

と告げられたのです。

こうして舎利弗尊者はラーフラ王子を出家させ、ここに仏教教団に初めての沙弥が生まれたのでした。

この事はスッドーダナ王を苦悩の極みに追い込みました。第一王子、そして第二王子、最後にはたった一人残されていた最愛の孫、まだいとけない王子までが出家してしまわれたのです。王は親の子に対する愛の苦しみを切々と訴えて世尊に懇願されました。「尊師よ、どうか父母の許しのない子を出家させられませぬように」と。

釈尊はその願いを受け入れられ、修行僧達にもその旨を伝えられたのでした。

年月が経ちました。ある時「修行僧は具足戒《ぐそくかい》（出家した比丘《びく》・比丘尼《びくに》の守る戒め）を受けていない者と同宿してはならぬ」という戒めが制定されました。すると、それまでは親切に同宿させ、寝具の世話までしてくれ

た修行僧達も、この戒めを犯すことを恐れて「宿所を見付けなさい」と言うようになりました。泊まる所の無かったラーフラ沙弥は、戒を守るにはここしかないと、釈尊のお使いになる厠《かわや》に入って寝ることにしました。そこは戸がきちんと閉まり、平らかな地には香が塗られ、終夜燈火が燃えているなど荘厳に造られてはいましたが、だからといってそこを選んだのでは勿論ありません。

夜明け前、入口に来られた釈尊は事情を聞かれると、ラーフラでさえこのような扱いを受けているのではと、他の善男子を出家させた時の事を考えて正法のために憂えられ、「以後は具足戒を受けていない者をも一、二日は側に住まわせ、第三日には他の宿処を見出して外に住まわせよ」と戒を改められました。

ラーフラ尊者は後年、十大弟子の一人として、密行《みつぎょう》（戒を微細にたもつこと）第一と称えられた方だけあって、「栴檀《せんだん》は双葉《ふたば》より芳《かんば》し」の感ある逸話です。

出家以来、ラーフラ尊者が悟りに至られるまで、釈尊は、特に生まれや姓、容貌などのために慢心を起こさぬよう、しばしば教戒を与えられたということですが、そうした事や修行に関する、法に対する懇切な教導と、それによく応《こた》えて質問し精進される尊者のひたむきさ、獅子の父子を思わせるその呼称は、『羅睺羅経《らごらきょう》』・『教誡羅睺羅菴婆蘗林経《きょうかいらごらあんばばくりんきょう》』・『教誡羅睺羅大経』など数々のお経によっても推察することができます。

加害者であるダイバダッタに対しても、凶賊アングリマーラに対しても、ラーフラに対しても、釈尊はあらゆる所で等し並みであられたという舎利弗の言葉が残っていますが、世間をはるかに越えた次元での、類《たぐ》いまれな「仏陀とその弟子」としての父子、厳しくも慈愛溢れる、計《はか》り知れない世界こそ、人類永遠の「心の財産」といえるのではないでしょうか。

話は元にもどります。釈尊はラーフラ王子を出家させられたその翌日、王宮で食事を摂られ、父王のために法を説かれました。釈尊の教化によってすでに聖者の第二の境地にまで入っておいでになった父王は、この日、第三の境地不還果《ふげんか》に入られたということです。

こうして釈尊は、父王を三つの聖者の境地に導き入れられてから、僧団の修行僧達を引き連れて、再び王舎城に向かわれ、シータ林（寒林）に入られました。

㉙ シンガーラカと『六方礼経』

釈尊に対する人々の崇敬の念は、日毎に深まり高まって、それは光の輪のように際限もなく拡がって行きます。

マガダ国ではビンビサーラ王を始め王宮の人々、群臣達はいうに及ばず、その数八万と言われる村の村長達が、次々釈尊の御許に参って教えを乞いました。

心の医王であられる釈尊の御教えは、一人一人の胸に大きな感動を与え、限りない信、の心を抱かせたのです。ある者はその場で在俗信者となり、ある者は長い間、人間としての生き方を、間違った解釈で教え込まれて来たことを知って涙を流し、出家受戒を願い出ました。この人は後に阿羅漢の一人になったと伝えられていますが、その他にも多くの家長・婦人・バラモン・遊行者など、さらに他の教えを信仰していた人々までが、釈尊に帰依して、仏教徒となって行ったのです。

こうしたある日、釈尊は早朝に内衣《ないえ》をお着けになり、鉢と衣を取って、竹林精舎から王舎城へ托鉢に入って行かれました。そして王舎城に住む家長のシンガーラカ（尸伽羅越《しがらおつ》）が、早々と起きて城門から郊外に出て行き、衣服を清め、髪を清めて合掌し、東方・南方・西方・北方・下方・上方の六方に向かって礼拝をしている姿を御覧になったのです。

釈尊は近付いて静かに声をおかけになり、六方礼拝《ろっぽうらいはい》の理由をお尋ねになりました。するとシンガーラカは、

「世尊よ、私は父がいまわの際《きわ》に言い遺しました《お前は必ずなすべき事として諸方を礼拝しなければならない》ということの言葉を固く守って、毎朝このように早く起き、六方を礼拝しているのでございます」

と答えました。これを聞かれた釈尊は、父親の遺した大切な言葉の意味も分からぬまま、ただ一所懸命に六方へ向かって礼拝をしている若いシンガーラカを、どうしてもそのままにしてはお置きになれなかったのです。そこで、仏教ではこのような礼拝の仕方はしない、それは本当の礼拝ではないということをお話しになったのです。

この時、釈尊のお声とそのお姿全体から、言い知れぬ温かさ、包み込むような慈悲のお心を感じ取ったシンガーラカは、

「それでは世尊、どうか私に、その仏教による正しい六方への礼拝の仕方をお教え下さいませ」

とお願いしました。釈尊は、

「それでは家長よ、しっかりと聴き、よく考えよ。さあ、私が説いて上げるから」

こうおっしゃって、この社会で現実に生きて行く一家長として、心得て置かなければならないもろもろのこと、また日常生活の指針として、在家者の守るべきことを一つ一つ示しながら、シンガーラカに教えを説いて行かれたのです。それが『六方礼経《ろっぽうらいきょう》』と言われる有名なお経です。

「家長よ、仏教徒はまず、㈠生き物を殺すこと、㈡盗みをすること、㈢うそをつくこと、㈣他人の妻に近付くこと――この四つの罪による過失を捨て去るのである。

また、㈠貪欲《むさぼり》、㈡瞋恚《いかり》、㈢愚痴《おろかさ》、㈣恐怖《おそれ》――この四つの煩悩によっても道を踏みはずすことがなく、従ってそれから起こる悪業を決してしない。

さらに、財を失う六つの原因、㈠酒類におぼれ、㈡時ならぬ深夜に街を遊びまわり、㈢祭礼舞踊の観覧処に入り込み、㈣賭博などのようなことに熱中し、㈤悪友と交わり、㈥怠惰《たいだ》放逸《ほういつ》にふける――こうしたことにはかかわらない。

以上、十四の罪悪から離れて六方を覆い護り、現世のためにも来世のためにも精進を忘れない。そのような人はこの世でも彼の世でも、安楽に幸福になることができるであろう」

こう述べられた後、こんどは財を散じる六つの原因から、さらにそれぞれ六つの憂いが生じることを示して注意を与えられました。中でも、ことに懇切に説かれているのが悪友と善友の見分け方、対し方です。

まず悪友とは、㈠何でも取って行く友、㈡言葉が巧みで実《じつ》のない友、㈢甘言を事とする裏と表のある友、㈣遊蕩《ゆうとう》の友がそれであり、こうした四種の悪友は、恐ろしい道のように遠く避けねばならない。

また善友とは、㈠物心両面で援助を惜しまない友、㈡苦楽何れの時にも変わらず、友のためには一命をも捨てる友、㈢悪を防いで善い事を行なわせ、正しい道を教える友、㈣友の衰微を喜ばず、隆盛を喜んで、すべてに我が事の如く同情ある友、この四種の人達こそまことの友として、真心をもって尽くすべきである、と説いておいでになるのです。

次いで釈尊はいよいよ、仏教徒はどのように六方というものを考え、覆い護ろうとするか、それを説き進めて行かれました。

「家長よ、これこそが六方であると知りなさい。東方は父母を意味し、南方は師匠を意味し、西方は妻子を、北方は朋友を、下方は召使いや使用人を、上方は宗教家を意味するのである。

そして家長よ、東方に置かれている父母は、たとえば《愛育された自分は両親を養うのが当然である》というような五つの事柄によって、子から奉仕をされるべきであり、父母はまた子を罪悪から遠ざけて善い事を行なわせ、技能を訓練させるなど、五つの事柄によって子を愛するのである。こうして東方は覆い護られ、安らかであって恐れがないのである」

このように、南方に配せられている師匠と門弟についても、西方に配せられている妻と夫についても、北方に配せられている朋友と善良な紳士についても、下方に配せられている召使い・使用人と聖なる主人についても、これらの人々は互いに五つの事柄によってそれぞれが奉仕をされ、また一方は愛されて、その結果、その各々の方角は覆い護られて安らかであり、恐れのないことが述べられています。

上方に配せられている宗教家は、善良な紳士により五つの事柄によって奉仕をされるべきであるが、宗教家の場合だけは、六つの事柄によってその善良な紳士を愛する、この点が他とは違います。しかしこれによって上方が覆い護られて、安らかであることは言うまでもありません。

次いで、この六方を礼拝するには、一族中、特に優れた家長、学識と戒めを身に具え、気品あり才智あって人格徳行ともに欠けることのない賢者がふさわしいと、その理想的な条件が述べられています。その家長が一つ一つの方向に、それぞれの人を思い、心をこめて礼拝する。それは正しく和《なご》やかな人間関係を育て、自然に徳行にもつながって行くものでしょう。釈尊は最後に、

「もろもろの賢者は、車に楔《くさび》がなくてはならないように、徳を身につけ保つことの重要さをよく知り尽くしている。それ故にこそ偉大な存在となって、世の人々から賞讃を得るようになる」

というお言葉でこの教えを終られたのです。

若いシンガーラカは、これこそが仏教徒としての六方への礼拝であること、家長としてこれからいかに自分

の人格を作って行くべきか、いかに生くべきかをはっきりと知りました。目から一枚うろこが落ちでもしたように、あたりが見えて来て、父親の遺言の意味もよく分かるようになったのです。そして沸き上がって来るふしぎな喜びと、言いようのない感謝と畏敬の念の中で、声を振るわせ、言葉を尽くして釈尊を讃え、在俗信者となることを願い出て、改めて家長として人間としての、新しい第一歩を踏み出したのでした。

㉚ 給孤独長者

その頃コーサラ（拘薩羅）国の首都舎衛城《しゃえじょう》にスダッタ（須達多）という一人の大豪商が住んでいました。この人は生まれつき非常に情《なさ》け深い性質で、常に身よりのない孤児や貧しい老人などに食べ物や衣類を施して世話を見ていたのです。そのために世間では給孤独《ぎっこどく》〈孤独な人々に食を給する人〉長者と呼んでいましたが、いつしかそれが通り名になってしまっていました。

さて、ある時この給孤独長者が、所用で王舎城へ行くことになりました。王舎城には妻の兄の長者が住んでいました。そこへ何時ものように泊りに行った給孤独長者は、すっかり驚いてしまいました。邸では王舎城の長者が自ら陣頭に立って、夢中で召使い達に命令を下していたのです。

「さあ、早く起きて粥を煮ろ。煮物を作れ。汁を作れ。特別に珍しい味の、上等の菓子を吟味して作るのだ」

その様子はとても唯事とは思えませんでした。給孤独長者は考えたのです。（以前は私が行くと、一切の用事を放り出して大喜びで私を迎え、二人だけで互いにあれこれと話し合うのをあれほど楽しんでいたというのに、今日は一体どうしたことなのだろう。まるで人が変わったように取り乱している。嫁取りか婿《むこ》取りをしようとでもしているのだろうか。それとも大きな祭礼を催そうとしているのだろうか。もしくはマガダ国のビンビサーラ王を明日、軍勢と共に招待しているのだろうか――）と。

　やがて、何から何まですっかり召使い達に命令をし終えて、王舎城の長者が入って来ました。二人は互いに何時ものように温かい心で挨拶を交わし、何時ものように坐って話を始めました。

　そこで給孤独長者は、先刻から考えていたことを、そのまま順々に話して訳《わけ》を尋ねました。すると王舎城の長者が答えました。

「私は嫁取りをするのでも、婿取りをするのでもありません。また、マガダ国のビンビサーラ王を明日、軍勢と共に招待しているのでもありません。私は大きな祭礼を催そうとしているのです。私は明日、仏陀とそのお弟子の修行僧全員を御招待しているのです」

　この「仏陀」という言葉を耳にするや、給孤独長者は全身を乗り出し、目を据えて確かめました。

「あなたは仏陀とおっしゃいましたね」

「私は仏陀と申しました」

「あなたは仏陀とおっしゃいましたね」

「私は仏陀と申しました」

「あなたは仏陀とおっしゃいましたね」

「私は仏陀と申しました」

　給孤独長者は三度このように問答を繰り返した後、人々があんなにも長い間、待ち望んでいた精神界の王者、三界の大導師が遂にこの世に出現されたことを知ると、明日のお越しを待つのももどかしく、

「仏陀、仏陀と呼ばれるそのようなお方は、実にこの世の中では、その言葉を聞くことさえ得難いもの

です。それを何と、その仏陀が現に世におでましになっていたとは――。ただ今これから、かの世尊・拝まるべき人・正しく覚《さと》ったお方を拝するために、御許《みもと》へ参ることができましょうか」

と急《せ》き込むように訊きました。けれども時間が遅すぎたので、王舎城の長者は、

「今はその時ではありません。あなたは明朝、時を見て参られるのがよいでしょう」

と答えました。給孤独長者は（明日朝早く、時を見て参ろう）と、一心に仏陀を念じながら横になりました。その念があまりに強かったので、夜中に三度も（夜が明けた！）と思って起き出してしまったのです。

こうしてやっと、本当に夜がしらしらと明けました。

その時、釈尊は寒林《かんりん》（墓地）においでになりました。

給孤独長者は一刻も早く参りたい一心で、急いで都の城門を出ましたが、いきなりさわやかな朝の光が消え失せたかと思うと、一瞬にして果てしない闇黒《あんこく》が、まわりを包み込みました。その恐ろしさは形容もできません。毛は逆立ち、ふるえで歯の根は合わず、身動きすらできないのです。

長者は何とかして引き返そうと思いました。ところがこの時、シーヴァカ（尸婆迦）夜叉が姿を見せずに声だけで、

「百の象、百の馬、百の驢馬《ろば》に引かす車、宝珠の耳環を着けた百千の乙女も、ここに一歩を進める価値の、十六分の一にすら及ばない。進め長者よ、進め長者よ。進めば利益がある。退いてはならぬ」

と励ましたのです。この言葉が終わると同時に闇黒が消え、光が現われ、今までの恐怖が無くなって行ったのでした。

このようなことが三遍ありましたが、その都度、シーヴァカに励まされて、長者は遂に寒林に着くことができたのでした。

釈尊はその時、静かに歩いておいでになりましたが、給孤独長者が遠くから来るのを御覧になると、設けの座におつきになり、

「来れ、スダッタよ」

と仰せになりました。

長者は本当に驚きました。（世尊は私に「スダッタよ」と名前でお呼びかけ下さった！）と、踊り上がらんばかりに喜んだ長者は、昨夜からの感激も一入《ひとしお》で、少年のように一途に釈尊の御許に参るなり、地にひれ伏し、仏陀のおみ足に頭をつけて恭しく礼拝をしたのでした。

釈尊がこの給孤独長者のために説法をされると、長者はその場で「生ずるものはすべて滅するものである」という法の眼を生じ、聖者の最初の境地である預流果《よるか》に入ることができたのです。

給孤独長者の喜びは言いようもありません。ゆるぎない信をもって在俗信者となった長者は、直ちに「明日の世尊と修行僧全員への食事を御供養させて頂きとうございます」と願い出ました。釈尊は黙然としてそれをお受けになりました。

給孤独長者が、この御供養をすることを知った王舎城の長者は、「あなたは客人なのですから」と、自分がその費用を出すと言いました。ほかにもそれを申し出る人があり、ビンビサーラ王からも申し入れがありました。けれども給孤独長者は「旅先ではあっても、それだけの用意はございますから」と固くそれらを辞退して、その夜すぎてから、王舎城の長者の家で、見事な食事を十分に整えました。

明くる日、釈尊と修行僧の全員は、王舎城の長者の邸へ来られました。設けの席につかれると、給孤独長者は心から喜んで、手ずから食事のお世話をし、心行くまで召し上がって頂いたのでした。

釈尊が食事を終えて鉢と手をお洗いになると、給孤独長者は一隅に坐って申し上げました。

「世尊よ、どうか修行僧の方々と共に、舎衛城におこし下さいまして、私の雨安居《うあんご》（雨期の間の定住）の御供養をお受け下さいますよう」

すると釈尊は仰せになりました。

「長者よ、修行を完成した人々は、人の住まない粗末な空屋で楽しむのです」

給孤独長者は申しました。

「世尊よ、よく分かりました」

そこで釈尊は法を説いて長者を教導し、励まし喜ばせて、座から起って行かれました。

この時、給孤独長者の胸の中では、すでに釈尊とお弟子の修行僧方全員を迎えるための構想が、練り始められていたのです。王舎城から舎衛城に至る長い道筋での御供養の方法、さらに舎衛城での雨安居、それらはすべて給孤独長者なればこそできるものばかりだったのです。

王舎城での所用を済ませて舎衛城へ帰って行く途中、長者は釈尊の通られる道に沿って、僧園・精舎等を造らせる手配をし、万全《ばんぜん》を期して舎衛城に帰ると、いよいよかの有名な祇園精舎《ぎおんしょうじゃ》の建立に取りかかったのです。

㉛ 祇園精舎の建立

給孤独長者はまず、釈尊とお弟子の修行僧がた全員が、安らかにお暮らしになれる、そんな土地を懸命に探しました。舎衛城から遠からず近からず、往来に便利で、参りたい人々は行き易く、托鉢にも難のない場所。昼も静かで夜は一層その鎮まりが深くなる、そうした場所を望んでいたのです。その条件にぴったりかなっていたのが、ジェータ（祇陀《ぎだ》）王子の林園でした。

長者はさっそくジェータ王子の所に行って、この林園を譲って頂きたいと頼みました。しかし王子は何としても聞き入れてくれません。二人は押し問答を繰り返していましたが、そのうち王子が断る為に口にした「ここに金銭を敷き詰めたとしても……」という言葉が決め手となって、長者は遂にこの広大な土地に、隅から隅まで黄金を敷き詰めて、買い取ることになったのです。

喜んだ長者は黄金を積んだ車が着く度に、それを指図してどんどん地面を黄金で覆って行きます。

驚いた王子は（これは唯事ではない。長者は僧園を造るために買い取りたいと言っていた。私も寄進を致すことにしよう）と、門の辺りの空地にだけは黄金を敷かないように頼み、「長者よ、私にこの空地を下さい。ここは私が寄進させて頂くことにしましょう」と申し入れました。

給孤独長者は（ジェータ王子のように高名な方が、世尊の説かれる法と律とによって信仰心を持たれるならば、それは大きな力となるだろう）と考えて、快くその空地を譲ったのです。王子はそこに門屋を建てさせました。

長者は舎利弗尊者を精舎造営の監督として迎え、まず中央に釈尊の居室をお建てし、それを取り囲んで八十人の大長老の個別の宿房、一重の壁の建物、二重の壁の建物、鵞鳥《がちょう》や鶉《うずら》の絵のある部屋、長い部屋、簡単な造りのその他の住居、夜の居場所、昼の居場所、蓮池、散策所、料理場、井戸小屋、温浴をする建物、病室、便所等、申し分のない土地に気持良く住める、すっきりと清らかな精舎を建てたのです。

こうしていよいよ釈尊をお迎えする時が来ました。この間、舎利弗尊者は精舎造営の監督をする一方、昔から根強い力を持ち、新しい教えが入って来ることに強い反感と敵意を持っていたこの地の外教の人々と、たびたび論戦をしなければなりませんでした。抜群に聡明で、バラモンの学問は勿論、その他の思想や学術にも通じていた舎利弗は、その都度彼等を論破して、仏教の何たるかを堂々と示し、釈尊がおいでになる前に、そうした意味での地ならしをもしていたのです。

さて、長者の使いを受けられた釈尊は、教団の修行僧全員を従えて王舎城をお発ちになり、つつがなく舎衛城へお着きになりました。

釈尊が祇園精舎にお入りになるという晴れの日、給孤独長者は息子に最上の豪華な身の飾りを着けさせ、五百人の少年と共に先導を務めさせました。少年達は手に手に美しい五色の布の幢《はたぼこ》を掲げて進み、その後ろからは二人の愛娘が、これまた五百人の少女達と共に、水を満たした瓶を持って続きます。さらにその後ろには盛装した長者の妻が、五百人の婦人達を従え、手に手に山盛りの鉢を持って進み、最後に長者自身が、新しい衣服を身に着け、同じく新しい衣服を身に着けた五百人の長者と共に、釈尊の直ぐ御前を進んだのです。

釈尊は大勢の修行僧がたに囲まれ、御身の光で林園の中を、まるで黄金の輝きで薄赤く染め上げたように照らしながら、限りない仏の威力と類《たぐ》いない仏のめでたさを示して精舎にお入りになりました。

給孤独長者は釈尊にお尋ね申しました。

「世尊よ、私はこの精舎をどのように致せばよろしいでしょうか」

釈尊は静かにお答えになりました。

「それでは長者居士よ、この精舎を、今ここに来ている、またこれから先ここに来る、僧団の修行僧達に施しなさい」

「世尊よ、畏《かしこま》りました」

こう言って給孤独長者は黄金の水差しを取り、恭《うやうや》しく釈尊の御手に清らかな水を注ぐと、

「この祇園精舎を、仏を初め今ここにおいでになる、またこれから先ここに来られる、四方の僧団の修行僧がたに捧げます」

こう申し上げて奉献しました。釈尊は受け取って謝意を表され、

「これによって人は寒暑を避け、猛獣、蛇、蚊をも避け、冷雨をも避け、烈しい風と炎熱が生じたのをも避けられる。

瞑想し、洞察するための、保護と安らぎのために、僧団に精舎を施すことは、最上であると仏は称讃し給う。

それ故、自己の利益をよく見る賢者は、心地よい精舎を造り、そこに博識ある人々を住まわせるべきである。

そして浄信をもって、飲料・食物・衣服・坐臥具を、真っ直ぐな心の人々に施すべきである。

その人々は彼のために、一切の苦しみを除く法を説き、彼はこの世でその法を悟り、煩悩がなくなって完全な涅槃に入る」

と、精舎を施すことの功徳の大きさをお述べになって、長者への言葉とされたのでした。

次いで給孤独長者は、二日目から盛大な落慶式に入りましたが、これは九ヵ月の間続くという大変なものでした。

ちなみにこの地は、過去七仏のために代々精舎が建てられていた所であると申します。

当時、大勢力を誇っていたコーサラ国の、主都舎衛城にほど近く建立されたこの祇園精舎が、どれほど大きな影響力を持っていたか、その存在の意味と力には計り知れないものがあったのではないでしょうか。

32 水争い

それは釈尊が舎衛城においでになった時のことです。釈迦族と東隣りの拘利（コーリヤ）族との間で激しい水争いが起こりました。カピラワッツの都とコーリヤの都では、その間を流れるローヒニー河に一つの堰《せき》を設けて、それぞれが穀物を作っていました。ところが夏になって日照りが続き、穀物が枯れて来ました。河の水も急激に減ってしまったのです。そこで畑仕事をしていた人達が両方から集まって、まずコーリヤの人達が言い出しました。

「この水を両方で汲み出したんじゃ、どっちにしても足りっこない。こっちの方は、あと一水《ひとみず》で実るに違いない。だからこの水はおれ達にくれ」

カピラワッツの人達も黙ってはいません。

「そっちが穀倉を一杯に満たした時に、こっちはまるで空っぽで、赤味のある黄金や、青いマニ珠や、黒い銅銭を持って、籠や袋を手に、穀物を分けてもらいに行くことなんざ、そりゃできませんや。こっちこそ、あとたったの一水で穀物は実るんだ。この水はこっちでもらいたい」

どちらも必死ですから、次第に言葉は荒くなり激しくなって、遂には一人が立ち上がってぽかりとなぐる。なぐられた者がまたこぶしを上げる。舌戦と暴力が入り混じって、果ては互いに対手の国の王族のそもそもの起源から口汚《くちぎた》なく罵り合うのでした。

考えてみれば、この二つの国はいわば一族で、伝えによれば最初から何代にもわたって姻戚関係にあるというのに、です。とは言え、もうこうなっては分別の限りではありません。悪口雑言《あっこうぞうごん》の末、双方とも自分達の仕事を管理する大臣に、事の子細を報告しました。それをまた大臣がそっくりそのまま王家の人々に報告をした結果、互いに戦いの用意をして出かけるという、非常事態にまで進展してしまったのです。

釈尊はすぐにこれらのすべてを察知され、（とにかく私はそこへ行って、三つの前生物語を聞かせよう。争いは収まるであろうから。そして和合というものを分からせるために、さらに二つの前生物語を聞かせてから『執杖経《アッタダンダスッタ》』を説こう。この教えを聞いて二つの都の者達は、二百五十人ずつの公子を会わせるに違いない。私は彼らを出家させよう）と心に決められました。

釈尊は夕方、衣鉢を持って仏の居室から出られると、空中を飛んでローヒニー河の上空に至られ、両軍の間に両足を組んでどっしりとお坐りになりました。そして殺気立ち、興奮し切っている彼らを、まず恐れさせなければと、夕方とは言えまだまだ明るい中で、髪の毛から深青色の光明を放つて、闇黒《あんこく》を作り出されたのです。

突然のことに全員我を忘れて、恐怖の余り棒立ちになる者、顔色を失ってうずくまる者など様々です。

釈尊は時を見て、こんどは御自分のお姿をお見せになり、美しい六色の仏光をお放ちになりました。カピラワッツの住民達は釈尊を仰いで、（我々一族の最も優れた師がおいでになったが、師は我々の争いを御覧になったのだろうか――。師がおいでになっている以上、我々は対手の体に刀を落とすことはできない。コーリヤの人達は我々を殺すなり、煮るなりするがいい）こう考えて、武器を投げ捨ててしまいました。コーリヤの人達も同じように、武器を投げ捨ててしまいました。

釈尊が空中から降りて来られ、心地良い場所にある、砂地の上に設けられた立派な仏座に坐られると、辺りは仏の威光に輝きわたりました。両都の王族達は全員恭しく世尊を礼拝して坐りました。

そこで釈尊はすべてを御承知の上で、お尋ねになりました。

「あなたがたは、なぜここへ来られたのですか」

「世尊よ、河を見るためでも遊ぶためでもございません。実はこの場所で、戦いをしようとして参ったのでございます」

「争いはどういう事から起こったのですか」

「世尊よ、水が原因なのでございます」

「水はどれほどの価値がありますか」

「世尊よ、わずかでございます」

「土地はどれほどの価値がありますか」

「世尊よ、その価値は計り知れません」

「王族はどれほどの価値がありますか」

「世尊よ、王族というものも、その価値は計り知ることができません」

「それでは何故わずかな価値の水のために、計り知れない価値を持つ王族を滅ぼそうとなさるのです。争って良いことなどは何もありません。争いを起こした為に、ある樹神と黒ライオンとの間に生じた怨恨は、後々にまで及んでいるのですよ」

こう仰せになって、「パンダナ樹前生物語」をなさいました。

――ある時、一本の大きなパンダナ樹の枯枝が風のために落ちて来て、その下に横たわっていた黒ライオンの肩を少しばかり傷つけた。それを樹神の仕業《しわざ》と思い込んで、的《まと》外れの激しい怒りを抱いた黒ライオンは、この樹を根こそぎ倒してやろうと、車輪にする樹を探しに来た大工に、この樹こそ最適だと教えて切らせる。樹神は黒ライオンの皮で車輪を巻けば、丈夫で良いと教えて復讐をするが、結果は共に命を失ったばかりか、子孫孫にまで災いを残すことになった。——

この話をされた釈尊は、「仲良くしなさい、争ってはいけない。このライオンとパンダナ樹のようになってはいけない。和合を学びなさい。これは諸仏の讃嘆されたもの。和合を楽しみ、正しい教えを守る者は、寂静の境涯から退転することはない」と教えられ、次に、

「他の者に盲従した為に、一匹の兎の言葉に乗って、四足獣の群れが命を落とそうとしたことがあるのです」

と、「ダッダバ前生物語」をお話しになりました。

——ある森の中に一匹の兎が住んでいた。ベールヴァ樹の実の落ちた音に驚いて、それを大地の壊れる音だと思い込み、「ここで世界が壊れるっ」と必死になって逃げ出した。その一言が次々に伝わって、果ては森中の獣が恐怖に襲われ、一群となって兎の後から走り出した。けれども聡明な一頭のライオンが、言葉の出所、その原因を解明して、今一歩の所で皆の命を救った。——

この物語によって釈尊は、言葉というものを正しく認識せず、他人の言葉に盲従する者、それは他人に頼るだけの愚かな者である。だが戒めを守り、智慧によって真の静けさを楽しみ、善きものに向かって自らをよく制御する賢者は、他人に頼ることがないという旨を説かれ、さらに、

「時には弱者が強者の弱点を見ることもあれば、強者が弱者の弱点を見ることもあります。小鳥の鶉《うずら》でさえ大象を殺したことがあるのです」

と、「鶉前生物語」を話されました。

——一頭の残忍で無慈悲な大象に、幼いひな達をこれ見よがしに踏み殺された母鶉が、復讐の一念に燃えて、烏《からす》・青ばえ・蛙の助けを借りて大象の目をつぶさせた上、遂に死に追い込んで敵を討った。——

この話によって釈尊は、どのような人も、またどのような人に対しても、怨《うらみ》を抱いてはならないということを教えられたのです。

釈尊はこのように争いを鎮めるために三つの前生物語を話されてから、こんどは和合ということを説明なさるために、次の二つの前生物語をなさいました。

「和合している者達の欠点を見出すことは、誰にもできません」

こう仰せになって、「ルッカダンマ前生物語」を述べられたのです。

――かつてヒマラヤ地方の沙羅樹の林に賢明な樹神がいた。親族達に広場に立つ樹には住まないようにと言い、「この沙羅の林で、私の定めた住まいを取り囲んで住みなさい」と教えていた。賢いもの達はそれに従ったが、愚かなものは名利にひかれて人の通る広場に生えている大樹に住んでいた。ところが大嵐が来てその大樹はもちろんのこと、強く根を張っていた林の中の大樹さえ倒されてしまった。しかしその時にも、やぶの茂みのつる草までが、互いに根をからませ合っていた沙羅の林だけは、一本の樹すら倒れることがなかった。――

釈尊はここで親族がより合い、和合して生きることの強さを説かれたのです。

「和合しているもの達の隙《すき》を窺《うかが》うことは、誰にもできません。しかし互いに争いを起こした時には、一人の猟師で全員の命を奪い、運び去ることさえできるのです。争いをしても何一つ良いことはありません」

と、さらに「和合前生物語」をされたのでした。

――ある大きな森の中に数千羽の鶉がいて、鶉捕りから身を守るために、一族心を合わせて協力していた。その間は無事に難関を切り抜けることができたが、時が経つに従って争うものが出て来た為、賢い鶉達は危険を感じて他へ移って行った。残ったものは相い変わらず争っていたが、頃合いを見てやって来た鶉捕りに、ただの一網で一羽残らず捕えられ、運び去られて行った。――

釈尊はこのお話で、親族間の争いは滅亡のもとであることを説かれたのです。

このように五つの前生物語をされてから、釈尊は最後に『執杖経《アッタダンダスッタ》』を説かれました。

そのお経で釈尊は、杖などの武器を取って闘い争うことの非を述べられ、人の世はすべて無常であること、心の中にひそむ貪欲《むさぼり》・瞋恚《いかり》・傲慢《ごうまん》という煩悩の矢を抜き取ってこそ、人は初めてまことの安らぎに達することができるのだと教えられ、絶対の安らぎに在る牟尼《ムニ》の境地を示して、王族達を導かれたのです。

これによって、王達は信仰心を持ちました。世尊のお蔭で互いに血を流さずに済んだことを心から喜び、もしも在家のままでおいでになれば転輪聖王として、王族を従えておられた方なのだから、仏となられた今も、王族を従えて遊行なさらなければならないと、両方の都から二百五十人ずつの公子を差し出したのでした。

釈尊は公子達を出家させて、マハーヴァナ（大林）へ行かれました。翌日からは彼らに囲まれて、ある時はカピラワッツへ、ある時はコーリヤの都へと、両都で托鉢をしてまわられ、人々の絶大な尊敬を受けられたのです。

33 女性信者ヴィサーカー

そのころ、釈尊が遊行される先々では、とくに都市の豪商達が、釈尊とその教団のために力を尽くしていました。中でも祇園精舎を奉献した給孤独長者の住む舎衛城では、給孤独とは好一対ともいうべき女性信者のヴィサーカー（毘舎佉《びしゃきゃ》）が、女ならではの細やかな心遣いと気配りで、目覚ましい働きをしていたのです。

舎衛城の人々は、この二人の隙を縫うようにしてしか、御供養ができなかったと申します。

ヴィサーカーはあらゆる意味で、まれに見るすばらしい婦人でした。大富豪である両親と共に、アンガ国のバッディヤ市に住んで居た七歳の時、その地へおいでになった釈尊の御教えを聞いて、そのまますっと、悟りに向かう流れに乗った境地、預流果《よるか》に達したというのです。この生まれながらの恐るべき聡明さに加えて、容姿はすこぶる端麗であり、その上ふしぎなことに、終生変わることなくその若さを保ち続けていたといいます。まさに福徳ともに具わった、世間の格をはるかに越えた人だったのでしょう。

長じて舎衛城の豪商ミガーラ大長者の息子プンナヴァッダの嫁として迎えられましたが、その婚礼の日、ミガーラ大長者は息子夫婦の前途を祝福してもらおうと、五百人の裸形外道《らぎょうげどう》といわれる人々を招きました。けれども、いよいよ花嫁にこの人達を礼拝させようとしますと、ヴィサーカーは舅《しゅうと》の気持を謝しながらもそれをことわり、これを機縁として、正覚を得られた偉大な仏陀釈尊と、その深遠な教えについて、浄信を以て述べました。

これを聞いて感嘆したミガーラ大長者は、目が覚めたように今まで奉じていた教えを捨て、一家を挙げて仏教に帰依するようになりました。その上、ヴィサーカーのいかにも身についた、静かで落ち着きのある立居ふるまいや言葉つき、そうしたものの根底となっている物の考え方や朝夕の生活を見るにつけても、いよいよ釈尊とその教えに対する「信」を深めるばかりだったのです。

生まれて初めてこのような深い喜びにふれた大長者は、感謝でいっぱいになってこう言いました。

「ヴィサーカーは私にとって息子の嫁ではあるが、信仰の面から見れば、まさに我が母である」

と。そしてヴィサーカーを母のように尊敬し、非常に大切にしたのです。それ以来、世間の人々は、ミガーラの母という意味で、ヴィサーカーミガーラマーター（毘舎佉鹿子母《ろくしも》）と呼んで、それがこの人の通称となりました。

さて、このヴィサーカーミガーラマーターは何分にも大富豪の愛娘でしたから、婚礼衣装の価格だけでも、優に一財産はあったと申します。その上、今まさに実家を出ようとする時、父親は婚家先での十の誡《いまし》めを娘に与え、それを守らせるために、助言者として八人の資産者を従わせたといいます。これがヴィサーカーのお嫁入りだったのです。

やがてヴィサーカーは釈尊のお許しを得て、舎衛城東方の郊外に、釈尊とその教団のための精舎を建てることになりました。造営監督は目連尊者です。九ヵ月かかって出来上がったこの建物は、上下各々五百室ある大精舎と構堂でした。費用は祇園精舎の半分といわれ、落慶式は四ヵ月の間続けられました。これが世にいう東園鹿子母講堂《とうえんろくしもこうどう》で、単に東園とだけでも呼ばれました。

ヴィサーカーは日に二度、必ず釈尊の御許に、召し上がり物や薬になるものなどを持って伺い、一方、毎日五百人の修行僧へ食事の布施をすることも欠かしませんでした。

ある時、釈尊とそのお弟子方は、バーラーナシーから遊行の旅を続けて舎衛城に至られ、祇園精舎に入っておいでになりました。そこへヴィサーカーが参って、釈尊とその教団の修行僧方を翌朝の食事にお招きしました。

ところがその日になって、急に雨雲が立ち込めたかと思うと、大雨が降り出しました。釈尊は修行僧達に、この雨をのがさず身に浴びておくようにとおっしゃいました。一同は衣を脱いで、快いシャワーのような雨を存分に浴びていたのです。

一方、ヴィサーカーは心を込めてさまざまな種類の食べ物を整え、お食事の用意が出来たことを知らせるために、召使いの女を僧園へ向かわせました。その時、僧園の庭では修行僧達が、丁度雨を浴びている所だったのです。

召使いはこれを見ると、てっきり、よこしまな生活をしている外道達だと思い込んでしまい、帰ってヴィサーカーに報告しました。

「僧園に仏教僧はおいでになりませんでした。よこしまな生活をしている外道達がいて、身に雨を浴びていただけです」

これを聞いてすぐその理由を察したヴィサーカーは、今一度行って食事の用意が整っていることをお知らせしなさいと言いつけたのです。

こんどは修行僧達が、雨で手足を冷してすっかりさわやかな気分になり、衣を身に着けてそれぞれ精舎に入っていました。少しばかりぼんやりした所のあるこの召使いの女は、こんどは僧園の庭に誰の姿も見えないので、またもやそのまま引き返して来て、

「僧園に修行僧は一人もおいでになりませんでした。僧園はからっぽでした」

と報告したのです。ヴィサーカーはこれをもすぐに察して、もう一度召使いを僧園へ行かせました。

こうして三度目にやっと連絡がつき、釈尊はお弟子方と共に、内衣《ないえ》を着け鉢と衣を持たれると、さっと祇園精舎から姿を消して、ヴィサーカーの邸《やしき》に現われられたのです。

ヴィサーカーはそのお姿を見てびっくりしてしまいました。膝どころか腰の辺りまで水が出ているはずだというのに、釈尊をはじめ、どのお弟子方も、足の先すらぬらしてはいらっしゃらないのです。それどころか、お衣にしめり気さえ感じられません。何たる如来の大威神力かと、ヴィサーカーは今更のように、世尊の尊いお姿をまじまじと仰ぎ見ていました。

それからまるで少女のように、いそいそと、喜びでいっぱいになりながら、あれこれとお給仕をし、全員が満足なさるまで十分に召し上がって頂いたのです。そして釈尊が食事をお済ませになり、手と鉢をお洗いになると、ヴィサーカーは一隅に坐って申し上げたのです。

「世尊よ、どうか私に八つの願いをお許し頂きとうございます。これは身相応のもので、決して過ぎたものではございません」

釈尊は仰せになりました。

「ヴィサーカーよ、言うがよい」

ヴィサーカーは思わず合掌すると、慎しみのある、透き通った美しい声で申しました。

「私はこの命尽きますまで、一つ、僧団に雨浴衣を布施し、二つ、客として来られた修行僧に食事を布施し、三つ、旅立って行かれる修行僧に食事を布施し、四つ、病気の修行僧に食事を布施し、五つ、看病をなさる修行僧に食事を布施し、六つ、医薬を布施し、七つ、日常の粥を布施し、八つ、尼僧の方々に水浴のための衣を布施したいと存じます」

これを聞かれた釈尊は、八つの布施を願い出た理由をお尋ねになりました。そこでヴィサーカーは、先程の召使いの女の話を始めとして、八つの願いの因縁となった事柄を一つ一つ述べ、最後にその頃すでに出来ていた尼僧教団の方々への布施について、このようなお話をしたのです。

「ある日、アチラヴァティー河の渡し場で、尼僧方が水浴をしておいでになりました。すると、やはり同じ所で水浴をしていた娼女達が、互いに裸の女同士だという気安さもあったのでしょう、不遠慮にも《あなた方、どうしてその若さで欲望を断つ修行などしておいでになるのです。欲望は享《う》けたらいいではありませんか。修行は年を取ってからでよいと思いますけれど。そうすればあなた方は、両方を得ることができるでしょう》などと、ひどいからかい方をしたのです。お気の毒に尼僧方は身を縮めるようにして、この恥ずかしさに耐えておいでになったのです。こういうことがあったので、私は終生、御修行中の尼僧方に水浴のための衣を布施したいと思うのです」

と述べ、「どのような功徳の故に、如来に八つの願いを請うのか」という釈尊の重ねてのお尋ねに対しては、

「これらの布施がお役に立っていることを思えば、その喜びによって身は軽く快く、心は安らかに定まって、世尊の御教え通り、精進を続けて行くことができましょう。それ故に私はこれをお願い申したのでございます」

とお答えしたのです。これをお聞きになった釈尊は、その気持を喜ばれ、八つの願いを悉くお許しになったばかりか、仏弟子としてのヴィサーカーをお褒めになり、天寿と無病安楽の予言を述べられてから、座より立って去って行かれたのでした。

こうしてヴィサーカーは、その心からなる願いをかなえられ、女性信者中での布施第一人者として長く讃えられる身となりました。多くの孫子にも恵まれ、百歳まで生きて、その一生はあたかも透明な黄金色に輝く、大輪の蓮華を思わせるものであったようです。

㉞　尼僧教団の成立

これより先、釈尊がヴェーサーリー市外の大林中にある、重閣講堂に住んでおいでになった時、父スッドーダナ王危篤の報がもたらされました。

釈尊は直ちにナンダ・ラーフラをはじめ、その時すでに出家して仏弟子となっていた従弟のアーナンダ（阿《あ》

難《なん》）及び、同時に出家したバッディヤ・アヌルッダ・バグ・キンビラ・デーヴァダッタ等、王に縁のある修行僧達を連れて、カピラワッツに向かわれました。

釈尊は優しく父王の病をいたわられ、やがて臨終のお説法をなさいました。これをお聞きになったスッドーダナ王は、白傘の下の臥所《ふしど》に横たわられたまま、阿羅漢果に達するという希有な幸せを得られた後、安らかにその生涯を閉じられたのでした。

仏陀と成られる、卓越した資質を持って生まれて来られたシッダッタ王子と、恩愛の絆にしばられて、何とか王子の出家を阻《はば》もうと、心を砕き続けられた父王と――、思えば長い年月でした。しかし、何と見事な最期であったことでしょうか。かつての王子、釈迦牟尼世尊の限りない光に包まれて、スッドーダナ王は、人間がこれ以上は望めないという高みにまで、昇って行かれたのです。

スッドーダナ王亡き後、王妃マハーパジャーパティーは、カピラワッツ城外のバンヤン樹園においでになった釈尊の御許に、心を固く決して参られました。

釈尊を礼拝して一隅に立たれた王妃は、仏教の修行者として出家することを願い出られ、女性教団を設けて頂きたいと懇願されたのです。

しかし釈尊は女性の出家をお許しにはなりませんでした。一度、二度、三度、同じ懇願が繰り返され、同じ答えが返って来ました。

マハーパジャーパティーは取りつく島もなく、泣きながら釈尊を礼拝し、右まわりの礼をとってその場から退《さが》られました。しかし、そんなことで消えるような決意ではなかったのです。

釈尊が再びカピラワッツを去つて、ヴェーサーリーへ遊行の旅に向かわれ、大林中の重閣講堂に入っておいでになった時、マハーパジャーパティーは髪を切り、法衣を身に着け、ヤソーダラーをはじめとする多くの釈迦族の婦人達と共に、カピラワッツを出発していたのです。五十一由旬はあるという長い長い道程《みちのり》を、乗り物を一切使わず、歩いてヴェーサーリーの重閣講堂まで行くという、それは捨て身の行動でした。

しかし、何分にも王宮の優雅な生活に馴れた身には、徒歩での長旅は思いの外の難行だったのです。足は無惨に腫《は》れ上がり、全身はちりとほこりにまみれて見る影もなく、ようやく着いたその時には身心の疲れがどっと出て、古綿のようにくずおれんばかり——、それだけでも涙がこぼれ落ちて来ます。その上、女性の出家は許されない、それを重々承知の上で、それでも止むに止まれずこうして歩いて来たのです。それを思うと涙はいつしか嗚咽《おえつ》となり、嗚咽はいつしかせぐり上げて来る号泣に変わっていました。

こうしてマハーパジャーパティーはその一行と共に、釈尊のおいでになる建物の外に立って泣いていました。

これを見たアーナンダ尊者は何事かと驚いて訳を尋ね、その理由を聞くと余りにも気の毒で、とても放っては置けなくなったのです。そこで、

「それではここでお待ちなさい。私が世尊によくお願い申し上げましょう」

こう言って釈尊の御許に参ったのです。

性来心の優しいアーナンダ尊者は、たった今目にして来たマハーパジャーパティーの痛々しい様子を詳しく述べ、世尊がお許し下さらないと、痛切に嘆き悲しんでおられる女性の出家を、どうかお許し頂きたいとお願いしました。けれどもやはり釈尊はお許しになりません。この時も一度、二度、三度、同じ言葉を繰り返してお願いしましたが、釈尊は三度とも同じ言葉でお答えになるばかりだったのです。

そこでアーナンダ尊者は、ではほかの方法でお許し頂こうと、持ち出したのが本質論だったのです。それ

はこういうものでした。もし女性が仏の教えを奉じる修行者として出家した場合、聖者の境地に至るまでの三つの段階に於て、一段目の悟り、二段目の悟り、三段目の悟りをそれぞれに得て、遂には最高の聖者阿羅漢の悟りにまで達することができるでしょうか、という質問だったのです。すると釈尊は「女性にもそれはできるであろう」と仰せになったのです。これを待っていたアーナンダ尊者は、

「それならば世尊、どうか女性の出家をお許し下さいませ。あのお方は生後七日で母妃を亡くされましたシッダッタ王子を、一途な愛情で慈しみ育てられたという、世尊にとられましては大恩ある御養母であられ、叔母君であられます。そのお方があれほどまでの覚悟をして、願っておいでになるのでございます。世尊よ、なにとぞ女性の出家をお許し下さいますよう」

と懸命になってお願い申したのです。

これには釈尊もお困りになりました。本質的にはすべてその通りであり、釈尊御自身、その意味では女性を低いものだなどとは決して考えておいでにならなかったのですから。

しかし、実際に女性が出家するということになると、そこには余りにも問題が多すぎました。当時の社会の仕組み、その中に生きる人々と女性の立場、これらを考え合わせると単純に事は運べません。しかも仏教教団は、すべてを捨て、世俗の絆《きずな》を断ち切って出家して来た修行僧の、厳粛にして浄らかな集まりなのです。そこへどんな形にしろ女性という存在が入って来れば、それは世俗社会の要素が加わることにもなるのです。釈尊が女性の出家をお許しにならなかったのも当然のことでした。

しかしここで釈尊は、出家した女性である尼僧が、修行僧を尊重し恭敬して守るべき「八敬法《はちきょうほう》」を、マハーパジャーパティーが受けるならば、出家を許すと仰せになったのです。それは「百歳の尼僧といえども、今日出家したばかりの僧に対しても、敬意を払うこと」に始まる八項目の、女性にとっては非常に厳しいも

のでした。

けれどもマハーパジャーパティーは、これを喜んで受け、生涯厳守することを誓って、仏教教団に於ける最初の尼僧となりました。共に従って来た釈迦族の婦人達も、修行僧により尼僧として守るべき完全な戒めを受けて出家を許され、ここに遂に尼僧教団の成立を見ることができるようになったのです。

㉟　コーサラ国王と十六の夢

ある日のことです。コーサラ国のパセーナディ王は明け方近く、何とも奇妙で謎めいた、十六のふしぎな夢を見たのです。王は余りの夢見の悪さに目を覚まし、これは一体何の前兆であろうかと、こんどは死の恐怖におそわれて、寝床の上に坐ったままで、夜が明けるのを待っていました。

朝になると、バラモンの司祭達がやって来て、「大王よ、快くおやすみになられましたでしょうか」と恭《うやうや》しく挨拶をいたします。王は夢の話をして、それが悪い前兆でなければよいがと、胸の不安を吐き出しました。

すると司祭達は顔を曇《くも》らし、「大王よ、それは大層悪い夢でございます。王国の障《さわ》り・生命の障り・富の障り、この三つの中の何れかが起こる前兆かと存じられます」と言うではありませんか。

王は目の色を変えて、「何とか脱《のが》れる方法は無いものか」と尋ねました。

司祭達は重々しく答えました。「大王よ、その夢は余りにも悪いので、本来ならば脱れ難い所でございます。しかし、私どもが何とかしてそれをお防ぎいたしましょう。そのためには都のすべての辻々で犠牲祭を行なわなくてはなりません」

王は自分の生命が、まるで司祭達の手の中にあるような気がして、一も二もなくそれを許しました。

司祭達はこの時とばかり、（沢山の財産を手に入れよう・沢山の食べ物を持って来させよう）と、内心にんまりしながらも、言葉巧みに王を安心させ、手早く仕度に取り掛かったのです。彼らは宮殿を出ると、町の外に祭祀のための穴を掘り、いけにえにする鳥や獣を沢山集めましたが、さらに欲の上にも欲を出して、（あれもこれも）と幾度となく王の許へ通ったのです。

これに気付いたのがマッリカー王妃でした。王妃は王に訳《わけ》を尋ね、十六の夢の話を聞くと申しました。

「大王よ、あなたは人の世界、天の世界の両界を通じて、最高の正覚者でいらっしゃるお方、一切智に達し、清浄で、汚れなき心の、世尊の御許に参られて、その夢の意味をお尋ね下さいませ。必ずやお心が安まりましょう」

ほかならぬマッリカー王妃の言葉に、パセーナディ王は直ちに仕度をすると、釈尊の御許に急ぎました。王の礼拝を受けられた御仏は、和やかな包み込むようなお声でお尋ねになりました。

「大王よ、何故《なにゆえ》このように早く来られたのか」

「世尊よ、私は夜明けに十六の、何とも申せず変な夢を見たのでございます――」

と、不安にかられてバラモンの司祭達にそれを話したこと、その結果、いま犠牲祭の用意が進められており、いけにえとなる多くの鳥や獣が死を直感してか、悲し気な声を上げていることなどを述べて、

「世尊よ、人天両界中の第一人者であられ、過去・現在・未来のすべてを智慧の眼で御覧になる世尊に、お願いいたします。どうか私に、見ました夢の意味とその結果とをお教え下さいませ」

と懇願したのです。釈尊は静かに仰せになりました。

「私のほかに、それを知ることのできる人はいない。私はあなたに教えてあげよう。あなたは見た通りを話しなさい」

そこでパセーナディ王は話し出しました。

「世尊よ、第一の夢は、四頭の漆黒の牡牛が戦おうと、四方から王宮の庭にやって来たのです。ところがそれを見ようと大勢の人々が集まって来た時、牛は今にも戦わんばかりの勢いを示しておきながら、結局は戦わずに去って行ってしまいました。これはどういうことなのでございましょうか」

釈尊はお答えになりました。

「王よ、この夢の結果は、あなたや私の時代には起こらないであろう。しかし将来、法を守らない、卑《いや》しくも取るに足りない心根の王達や、法を守らない人々が現われ、世の中が転倒して、善が亡び不善が栄え、世界が衰退する時代に、雨が正しく降らなくなり、雲の足が切られ、穀物は萎《しぼ》み、飢饉となるであろう。その時、まるで雨が降り出すかのように四方から雲が起こって、人々がそれに備えて用意をし始めると、今にも雨が降り出さんばかりに雷が鳴り出し、電光《いなずま》がひらめくが、かの牛王が戦わなかったと同じように、雨は降らず、雲は散ってしまうであろう。しかし王よ、そなたには何の障りもない。夢はあくまでも未来に関するものである。バラモンの司祭達は、生活のためにあのように言ったのである」

このようにして以下、第二――幼樹と灌木とが大地を割って三、四十センチほども伸びたかと思うと、もう花が咲き実を結ぶという夢。この結果もまたこの世の終り、人の寿命が短くなり、人々の愛欲が非常に激しくなった時の事であって、王は何ら恐れる必要のないこと。

第三――牝牛がその日に生まれた仔牛の乳を飲んでいるという夢。この結果もまた将来、人々が年長者を敬わなくなった時に起こるであろう事で、両親・舅《しゅうと》・姑《しゅうとめ》に慎しみ深く仕えることをせず、財産は自分のものにして、老人には衣食すら、与えたいと思えば与え、与えたいと思わなければ与えなくなるだろう時に、老人は孤独で独立できず、子供の機嫌をとって生活するようになる。それを意味したもので、王は恐れる必要のないこと。

第四――荷車に背丈も幅もある大きな牡牛を順々につながず、幼くて馴れない牛をつないである。幼い牛は車を運ぶことができず、そのまま立ち止まっているので、荷車は全く動いていないという夢。この結果も将来、法を守らぬ卑しくも取るに足りない心根の王の時代に起こるであろう事で、力ある偉大な人々に名誉も地位も与えず、無能な弱輩者を重く用いるために起こる不都合を暗示したもので、パセーナディ王は恐れる必要のないこと。

第五――両側に口のある一頭の馬に、両側からまぐさを与えると、馬は二つの口でそれを食べているという夢。この結果もまた将来、法を守らない愚かな王の時、法を守らぬ貪欲な人間を裁判官としてその任に当たらせる。するとその者は原告・被告の両方から賄賂《わいろ》を取って私腹を肥やす。その有様を意味したもので、恐れることはない。

という風に、老いたジャッカルが黄金の鉢に排尿する夢、一人の男が椅子に坐って縄をよっては投げ落とすと、椅子の下に寝そべっている飢えた牝のジャッカルが、知らない間に次々とその縄を食べてしまう夢、人々が空《から》になっている瓶には見向きもせずに、水の満ち溢れている大瓶にだけ、さらに次々と水を注ぎ入れる夢、真ん中の深い所の水は濁って、岸辺の水は清く澄んでいる蓮池の夢、一つの鍋の中の御飯が三通りの出来工合になっている夢、十万金もする栴檀《せんだん》の良材を、腐ったバターと交換する夢、空《から》のひょうたんが水に沈んでいる夢、大岩石が水に浮かんでいる夢、小さな蛙が毒蛇を飲み込んでいる夢、黄金色の白鳥が烏に従っている夢、山羊を恐れて狼が逃げる夢……という十六の夢のことごとくを、一つ一つはっきりと解明して説明され、何れの結果も遠い将来に於て起こる事ばかりで、王は決して恐れる必要のないことを述べられたのでした。

パセーナディ王は、つい今しがたまでの暗澹《あんたん》たる心も忘れ、はればれと釈尊を仰ぎ見ながら、身心が洗い清められて行く思いの中で、何時しか合掌を捧げていたのでした。

無益な殺生を伴う犠牲祭が、取り止めになったことは言うまでもありません。当時、インドで最大の領土を有していたコーサラは、強力な新興国として、祭祀儀礼や古来からの風習を大切にする必要もあったのでしょう。バラモン教を始め、新しい教えを奉じるもろもろの出家者達にも庇護を与えていました。しかし、こうした事が契機となって、国王は次第に釈尊の偉大さを身を以て知るようになり、マッリカー王妃共々、遂には釈尊に最高の崇敬と親愛の念を抱くようになったのです。

こうして国を挙げて仏教への信仰が高まって来た時、釈尊に対する外道の者達の反感と嫉妬は、火を吹くように燃え上がりました。今まで受けていた供養や尊敬がみるみる落ちて無くなって行く、それは直接生活に響いて来ます。しかも首都の舎衛城では、住民の三分の二までが仏教徒になっていたとさえ言われるほどでしたから、これはもう由々しき問題だったのです。彼らはこれを何とかしようと、神通奇蹟で釈尊を追い落とそうとしましたが、かえって破れ、釈尊の名声をいやが上にも挙げる結果となって、自分達の立場をいよいよ悪くしてしまったのです。

議論・神通、何を以てしても徹底勝ち目の無いことを知った彼らは、こんどは如何にも卑劣な方法で、釈尊の徳望を一挙にたたき落とそうと、密かに企《たくら》み始めたのでした。

㊱　女修行者チンチャーの奸計

さて、その頃、舎衛城にチンチャー（栴闍《せんじゃ》）という、一人の非常に美しい女修行者がおりました。その容姿は抜群で、一目見た者は忘れることができません。身体は光を放っているように見え、つる草のようにしなやかなその腕に、琵琶を持って天に昇れば、そのまま伎楽天女になってしまう、そう思われるほどの美女だったのです。

この美しさに目を付けたのが、釈尊を何とかしようと目論《もくろ》んでいた、かの外道の者達です。彼らはこれこそまたとない〝切り札〟とばかり、チンチャーを使って事を運ぶ下相談をしていたのです。

そんな時、何も知らないチンチャーが彼らの僧院に来ました。チンチャーが彼らの僧院に来ました。さてこそと目を見合わせた彼らは、チンチャーが挨拶をして立っていても、見て見ぬふり、聞いて聞かぬふりをして、一向に取り合おうとしませんでした。

チンチャーは三度挨拶を繰り返した後、たまりかねて言いました。「一体、私のどこが気に入らなくて、三度も挨拶をしているのに応えて下さらないのですか。一体、私のどこが気に入らなくて、あなた方は私と話をしようとなさらないのですか」

すると初めてその中の主だった一人が、口を開いて言いました。「あなたは、修行者ゴータマのために、我々がどんなに悩まされているか、これまで得ていた供養や名誉をすっかり無くして、どんなに困っているか、それを知らないのですか」

これを聞いたチンチャーは、「私、知りませんでした。それにしても私でお役に立つ事が何かありましょうか」と言い出したのです。

彼らは時を移さず、ずばりと本題に入りました。「もし、あなたが我々の平安を願ってくれるならば、あなた自身の力で、修行者ゴータマに対する、世間の非難を引き起こしてほしいのです。そして彼への絶大な尊敬と信頼を、根こそぎつぶしてもらいたいのです」

こう頼まれ、あなたなら！　という期待のまなざしを一同から向けられたチンチャーは、自尊心と満足でいっぱいになって、即座に答えました。「よろしゅうございますとも。皆様、安心して私におまかせ下さい」

こうして女修行者のチンチャーは、その時から女ならではの方法で、釈尊を陥《おとしい》れる奸計《かんけい》をめぐらし始めたのです。彼女はまず最初に、舎衛城の人々が釈尊の御法話を聴き終わって、祇園精舎から帰って来る頃を見計らうと、その道筋に姿を見せました。

臙脂《えんじ》色の衣裳を身に着け、香や花輪を手に持って、祇園精舎の方へ向かって行くチンチャーの姿は、当然、人々の目を引きました。「今時分、どちらへ行かれるのですか」と人が訊くとチンチャーは、「何のために私の行き先などお尋ねになるのですか」と答えておいて、祇園精舎の近くにある外道の僧院へ行って泊まるのでした。

次に彼女は翌朝早く、在俗信者達が釈尊に朝一番の御挨拶を申し上げようと、舎衛城から出掛けて来る丁度その頃、まるで祇園精舎で泊まって来たといった風情で、都に入って行くのでした。何れにしても人目に立つ彼女のことです。「どちらにお泊まりになったのですか」と訊く人があると、またもや「何のために私の泊まった所などお尋ねになるのですか」と答えていたのです。

ところが半月か一ヵ月経つ頃からは、人に訊かれると、「祇園精舎で修行者ゴータマ様と御一緒に、同じ香室の中で泊まりましたの」と答えるようになっていました。実に巧妙な人の心の捉え方です。そのために、そんな事は絶対にあり得ないと重々承知してはいながらも、ふと彼女の言葉が気に掛かる、そんな人も中にはいたのです。

こうして三、四ヵ月経つとチンチャーは、妊娠したと見せかけるために、お腹に布をまきつけ、その上から赤い衣裳を着けて、修行者ゴータマによって子供ができたと、愚かな者達に思い込ませたのです。八、九ヵ月が過ぎるとチンチャーは、こんどはお腹に丸い木の板を縛り付け、その上から赤い衣装を着けたのです。それだけではありません。手や足や背中を牛のあごの骨でたたいて、まるで妊娠によって起こるむくみのように見せかけ、如何にも気だるそうにして見せていたのです。

そんなある日、夕刻になって釈尊が立派な法座に坐って人々に法を説いておいでになると、そこへチンチャーが来て釈尊の前に立ちました。

「大修行者様、あなたは大勢の人々を前にして、何とお声もお言葉も美しく、見事に法を説いておいでになることでしょう。けれどもあなたによって妊娠し、臨月になったこの私には、産屋《うぶや》の心配もして下さらなければ、栄養にもなりますし身体にも塗れる、蘇油《そゆ》さえも下さらない。御自分でそれをなさらないばかりか、侍者の方にも、コーサラ国王や給孤独長者、ヴィサーカー様といった方々に、私の面倒を見るよう、おっしゃることすらなさらない。あなたという方は、享楽することだけは御存知でも、お腹の子の面倒はまるで見て下さらないのですね」

と、まことしやかに、あきれるばかりのでたらめを声高に並べ立てて、人々の面前で釈尊を誹謗《ひぼう》したのです。

釈尊は法話を止められると、獅子のような大声で仰せになりました。

「女人よ、そなたの話した事が本当か偽《いつわ》りであるかは、我とそなたとだけが知っている事である」

普通の人間ならば、釈尊のこのお声を聞いただけで、ふるえ上がったことでしょう。それは単なる大音声というだけのものではなかったのですから。けれどもすでに魔にとりつかれたようになっているチンチャーには、それすら分からず、なおも言葉を続けました。

「そうでございますとも。二人だけが知っている、それだからこそ、こんな事にもなったのでございますわ」

この時です。天上では帝釈天の座が、急に熱くなり始めました。これは一つの大切な合図でした。帝釈天は思いを巡らして、チンチャーの奸計のすべてを知ると、(これは私がはっきりと、片を付けなければならない)と、すぐさま四人の天子を連れて祇園精舎に降り立ったのです。

四人の天子はあっと言う間に子鼠に変身して、チンチャーがお腹に縛り付けていたひもを、同時にばっと噛み切ってしまいました。そこへ突風が来て彼女の赤い衣装をぱぁっと空へ吹き飛ばすと、お腹の丸い木の板が、いきなり彼女の足の甲に落ちて、左右の足先を切断しました。――すべては一瞬の出来事でした。

呆然としていた人々は我に返ると、手に手に土くれや杖などを持って、わっとばかりにチンチャーを祇園精舎から追い出してしまいました。

彼女が釈尊の視野から出た時、突然、大地がぱっくりと大きな口を開いたかと思うと、無間地獄から恐ろしい炎が吹き出し、チンチャーはこんどこそ、これ以上は無いという真っ赤な炎の衣装に包まれて、極苦の無間《むけん》地獄へ堕《お》ちて行ったのでした。

かの外道の者達は、とうとうすべてを失って、何時しか姿を消してしまったということです。

㊲ 田を耕すバーラドヴァージャ

ある時、釈尊はマガダ国を遊行して、首都の王舎城を取り囲む五山の南側、エカナーラというバラモン村に滞在しておいでになりました。そこには田を耕すバーラドヴァージャが住んでいました。この人は大勢の農夫を使って、盛んに耕作に励んでいたのです。

さて、それは種《たね》をまく日のことでした。広々とした耕地では、五百挺《ちょう》ほどの鋤《すき》が牛につけられ、明るい日差しの中で、牛の鳴き声、人々のはずんだ声など、辺《あた》りは活気に満ちていました。そこへ托鉢をなさるために鉢を手に、衣を正しく身にまとわれた釈尊が、静かに歩いて来られました。その時、田を耕すバーラドヴァージャは、農夫達に上機嫌で食べ物を配っていたのです。

釈尊はその揚所に近づかれると、威儀《いぎ》を正して傍らに立たれました。普通の人ならば、思わず合掌して、釈尊の持っておいでになるその鉢に、食べ物を喜んで献じたに違いありません。けれどもこのバラモンは違いました。そのお姿をじろりと、ちょっと小意地の悪い目で見ると、唇をゆがめて言ったのです。

「修行者よ、私は耕して種をまく。耕して種をまいてから、その後で食べている。修行者よ、あなたも耕しなさい。種をまきなさい。耕して種をまいたその後で、食べなさい」

その言葉には明らかに、額《ひたい》に汗して働きもしないで、という批難の気持がこめられていました。けれども釈尊の端整なお顔には、毛筋ほどの動きも見られません。それどころか、かえって大らかでよく透る、確信に満ちたお声でこう仰せになりました。

「バラモンよ、私もまた耕して種をまく。耕して種をまいてから、その後で食べている」

これを聞いたバラモンは、一瞬、呆気《あっけ》に取られて釈尊を見つめていましたが、やがて何とも怪訝《けげん》な表情のまま、まじまじとその輝くような、並々ならぬ風貌《ふうぼう》に見入っていたのです。

それからバラモンは、次第に真剣になって、釈尊に問い掛け始めました。しかもその言葉は、いつしか詩の形になっていったのです。

「けれどもゴータマさん、私達は一度だって、あなたが農作業をしているところなど、見たことがありません。あなたの鋤も軛《くびき》も犂《からすき》の先も、鞭《むち》も牛も何一つ目にしたことさえないのです。それをあなたは、《私もまた耕して種をまく……》と言われる――、

自らを耕す者であると言う方よ
我らはあなたの耕作を未だ見たことすらありません
伺いたいのです　修行者よ
あなたが耕作するということを
我らが納得できるよう
とくとお話し下さいますよう」
そこで釈尊は、バラモンに、朗々としたお声で、同じように詩をもってお答えになりました。
「信仰は種である　修行鍛練は雨である　智慧は我が軛と鋤である
慚愧《ざんき》は鋤の柄《え》であり　禅定はその縄である　私の正念は犂の先と鞭である
身を慎《つつし》み　言葉を慎み　衣食に対しては適量を知って自制し
真理によって煩悩の草を刈り　道を楽しむのは私の休息である
精進努力は重荷に耐える牛であり　私を安楽の境地に運んでくれる
行って戻ることはなく　その境地に至れば愁いがない
これが私の耕作であり　悟りという最大の境地が　その実りである
この耕作をすることによって　私は一切の苦悩から解き放たれた」
釈尊はどんな時にも、聞く人に最も身近なたとえと表現をもって、法をお説きになりました。この時もそうでした。

バラモンは我を忘れて、生まれて初めて耳にするこの教えに、心の底から聞き入っていました。自分にとって生きることのすべてである耕すということの、今一つの意味合いを知ったのですから。智慧の光に照らされた、清らかで厳しく深い心の世界というものにふれたのですから――。

目の前に広がる耕地までが、少し前までとはまるで違って、何か光を放ってでもいるように思えるのです。ふしぎな感動でした。

はっと、我《われ》に返ったバラモンは、大きな青銅の鉢にミルク粥《がゆ》をなみなみと入れました。そしてそれを恭《うやうや》しく釈尊に献じて申しました。

「ゴータマさま、どうかこのミルク粥をお召し上がり下さいませ。あなたさまこそ真の耕作者であられます。それも人間としての究極の境地、甘露の実りをもたらされる耕作者でいらっしゃるのですから。どうか私の先程までの非礼を、お許し下さい」

釈尊は慈《いつく》しみの目で、バラモンを御覧になってから仰せになりました。

「詩を唱えてそれによって得たものを、私は食べてはならない。詩によって食を受けることは、諸仏にふさわしくない。諸仏はこれをお斥《しりぞ》けになる。この定めがあるのであるからバラモンよ、一切の徳をその身に具《そな》え、煩悩の汚れをはらい尽くした全《まった》き大聖《だいせい》に対しては、詩によらない他の飲み物・食べ物を捧げなさい。そのような全き人である仏は、功徳を積もうと望む者の福田《ふくでん》であるから」

「それではゴータマさま、このミルク粥を私は誰に上げたらよいのでしょうか」

「天界・魔界・梵天界を含めた一切の世界で、神々・人間・修行者・バラモンを含めた生き物の中で、如来と如来の弟子を除いて、そのミルク粥を食べて完全に消化できる人はいない。だからそのミルク粥は、草の生えていない所に捨てるか、生き物のいない水の中に流しなさい」

バラモンは、(何故このミルク粥が?)と不審に思いながらも、釈尊のお言葉通り、生き物の全くいない水の中へそれを流し込みました。すると、どうでしょう、そのミルク粥はチッチティ、チティチティと音を立てたかと思うと、もうもうと湯煙を上げたのです。まるで一日中戸外で太陽にさらされていた鋤先を、いきなり水の中に入れた時のように、です。

田を耕すバーラドヴァージャは驚くよりも余りの恐ろしさに、身の毛はよだち、手足はふるえ、宙を踏む思いで釈尊の御許まで行きました。そして頭と両ひじ両膝を地につけ、恭しく礼拝をして申し上げました。

「ゴータマさま、またとなき事でございます。ゴータマさま、またとなき事でございます。たとえば倒れたものを起こすように、覆《おお》われたものを開くように、迷える者に道を教え示すように、または《目ある者は色や形を見るであろう》と、暗夜に灯火を掲げるように、このようにゴータマさまは、さまざまな方法で法をお説き下さいました。私はここに、ゴータマさまと法と修行僧の集いとに帰依致します。私はゴータマさまの御許に於て出家を致し、完全な戒律を受けたいと存じます」

こうして願いをかなえられ、仏弟子となったバーラドヴァージャ尊者は、間もなく人々からも遠ざかり、唯独り怠《おこた》りなく、力の限りを尽くして心の田を耕していましたが、やがて阿羅漢の境地に達し、聖者の一人となったのでした。

38 アーラヴァカ夜叉の改心

釈尊は常に、人の世界、天の世界に対して法を説かれます。人々がその名を聞いただけでもふるえ上がる、そんな恐ろしい夜叉《やしゃ》といえども、決して例外ではありませんでした。

ある年のことです。釈尊は舎衛城から南へ三十由旬ばかりの、ガンジス河畔にあるアーラヴィーという町で、雨期の修行に入っておいでになりました。

ところがこの地には、アーラヴァカ夜叉（曠野鬼《こうやき》）という、それこそ物凄まじい力を持つ、獰猛《どうもう》極まりない夜叉が住んでいたのです。その声は世界四大音の一つに数えられ、彼の持つ「布武器《ぬの》」は、これまた世界の恐るべき四種武器の一つだったのです。一度これを空に広げれば、十二年の間雨が降らず、地に布《し》けば十二年の間実らず、山を覆えば山が崩れるという大変なものでした。しかもこれは夜叉の衣になっていましたから、「衣の武器」とも言われて、誰一人刃向《はむ》かう者などありません。こうなるともう、したい放題です。

夜叉はある日、鹿を追って林深く入って来たこの国の王を捕らえました。そして王の生命と引き換えに、毎日一人ずつ生きた人間を差し出させては食べていましたが、やがて王子の番になりました。

嘆き悲しむ人々からこれを聞かれた釈尊は、たった独りで、その恐ろしい夜叉の住居へ向かわれたのです。その時アーラヴァカ夜叉は、鬼神達の集まりに出掛けていて留守でしたが、釈尊は門番のガドラバという夜叉にことわって、その夜はそこでお泊まりになったのです。

ガドラバ夜叉はその釈尊を見て、これは只者《ただもの》ではない、如来に違いないと思いました。そこで急いでアーラヴァカ夜叉の所へ行って、こう言いました。

「あなたは非常な幸せを受けられます。如来があなたの住居に来て、泊まっておられるのですから」

これを聞いたアーラヴァカ夜叉は半信半疑のまま、集まりが終るとすぐ、さっと住居へ帰って来ました。そして世尊の近くへ行くと、いきなり大雷《おおかみなり》のような声で怒鳴りました。

「修行者よ、出ろ」

「よろしい、友よ」

釈尊は穏やかな声でこう応えられると、すっと立って出て来られました。夜叉は（おやっ？）と拍子抜《ひょうしぬ》けしながらも、こんどは「修行者よ、入れ」と言いました。

釈尊はまた「よろしい、友よ」と応えて、すっと中へ入られました。するとまたもや夜叉は釈尊に言いました。「修行者よ、出ろ」と。そして釈尊が前と同じように「よろしい、友よ」と応えて出られると、また「修行者よ、入れ」と言うのです。この時も釈尊は前と同じようにしてお入りになりました。三度目も同じことが繰り返されました。

釈尊にはアーラヴァカ夜叉の心の内が見えていたのです。人間など、ものともしない夜叉も、自分には何としても勝てなかったのです。まるで有り余るマグマのように、時として体中《からだじゅう》から沸き上がって来る、得体《えたい》の知れない激情のままに、突き動かされ続けていたのですから――。

この時も、果たして本当に正覚を開かれた如来かどうか、それを確かめたいという気持と、如来ならば教えを受けたいという気持、それとはまた全く別に、自分の留守中に泊まっていたという、理由にもならない怒りの感情とが、訳《わけ》もなく入り混っていたのです。

釈尊は夜叉のそうした苛立《いらだ》ちをまず鎮《しず》めようと、言われる通りにしておいでになったのです。しかし四度目にまた夜叉がそれを口にした時、釈尊はこうおっしゃいました。

「友よ、私はもう出ない。そなたは自分が本当に望んでいることをしなさい」

アーラヴァカ夜叉は、（この方は本当の如来かも知れない）と、思い初めていたのです。けれども、それにもまして猛々《たけだけ》しい鬼の心が、高飛車な口調でものを言わせました。

「修行者よ、私はそなたに質問をしよう。もしそれに答えられない時には、私はそなたの心を乱し、そなたの心臓を引き裂き、そなたの両足を捕らえて、ガンジス河の向こう岸に投げつけるぞ」

釈尊は泰然としてその言葉を受けられます。

「友よ、私は天界・魔界・梵天界を含む世界に於て、修行者・バラモン・神々・人間を含むものの中で、私の心を乱し、私の心臓を引き裂き、私の両足を捕らえて、ガンジス河の向こう岸に投げつけることのできる、そんなものを見ない。だが友よ、聞きたいと思うならば、私に何でも聞きなさい」

ところで、こうして釈尊と向かい合っているうちに、夜叉は、何だか段々自分の気持が今までとは違って来ていることに、それもぐっと深い所で、何かが大きく入れ替わろうとしていることに、気がついていたのです。夜叉は姿勢を正して釈尊の前に坐ると、詩をもって問い掛けました。

「この世では何が人間の最勝の富でありましょうか
どのような善行が安楽をもたらすのでしょうか
実に何が味の中での最上の美味なのでしょうか
どのように生きるのを最勝の生活と言うのでしょうか」

釈尊は答えられました。

「この世では信仰が人間の最勝の富である
徳行に篤《あつ》いことが安楽をもたらす
実に真実が味の中での最上の美味である
智慧によって生きるのを最勝の生活という」

「どのようにして激流を渡るのでしょうか

どのようにして大海を渡るのでしょうか
どのようにして苦悩を超えるのでしょうか
どのようにして清浄となるのでしょうか」
「信仰によって激流を渡る
不放逸《ほういつ》によって大海を渡る
精進によって苦悩を超える
智慧によって清浄となる」
「どのようにして智慧を得るのでしょうか
どのようにして財を得るのでしょうか
どのようにして誉《ほま》れを得るのでしょうか
どのようにして友と心を結ぶのでしょうか
どのようにすればこの世より彼の世に行って　愁《うれ》えずにいられるのでしょうか」
「聖者阿羅漢を信じ　安らぎに達する法を聞き　不放逸であり　聡明《そうめい》である者は　智慧を得
場処と時とに適応して事を行ない　忍耐強く精進努力する者が財を得る
真実によって誉れを得
布施によって友と心を結ぶ
真実と自制と堅固と施捨の四徳が　信仰ある在家者にあるならば　その人こそは彼《か》の世に行って
愁えることがない」
釈尊はこう答えられた後で仰せになりました。

「もし真実と自制と堅固と施捨と堪忍、これよりもさらに勝《すぐ》れたものがこの世にあるならば、さあ、それら他のものをも、広く他の修行者やバラモン達に問いなさい」

夜叉は答えました。

「どうしてそんな必要などありましょう。私は今日、この世ばかりか来世のためになることまで、しっかりと知ることができたのですから」

こう言ったかと思うと、五体を投げ伏し、心の限り釈尊を礼拝しました。夜叉はお教えを受けているうちに、すっかり生まれ変わっていたのです。大きな目からは涙がとめどもなく溢《あふ》れていました。声はふるえて途切れていました。

「ありがとうございます。如来はこの私を導かんがために、救わんがために、アーラヴィーにお出で下さったのです。私は今日、何処に布施をすれば、大いなる果報が得られるかを知りました。

私は村から村へ、町から町へ行脚《あんぎゃ》しましょう。正覚者と、この上もなく勝れたものである法と、修行僧の集いとを礼拝しつつ」

こうしてアーラヴァカ夜叉は釈尊を仰ぎ、その教えを心の支えとして、やがては仏法守護の名だたる夜叉王、夜叉将軍として、後々まで長くその名を残したのです。

約束通り連れて来られた王子が、無事返されたことは、申すまでもありません。

㊴ 凶賊アングリマーラの帰仏

釈尊が祇園精舎においでになった時のことです。精舎のあるコーサラ国に、一人のものすさまじい凶賊が現われました。賊は手当たり次第に人の首をはねては、その指を一本だけ切り取って、首かざり（鬘）にしていたのです。年は若く、千人力で、足の速さは奔馬よりも速いこの凶賊から、逃げ切れる者はありませんでした。そのため人々はアングリマーラ（指鬘《しまん》）と呼んで、おびえ切っていたのです。

しかしこの凶賊も、ほんの少し前までは、実に真面目で純真な青年だったのです。この国の大臣の息子として生まれた青年は、非常な美しさと雄々《おお》しい体つき、明晰な頭脳をあわせ持っていました。有名なバラモンの弟子となってその家に住んでからは、短時日の間に総ての学問に通じ、師匠の秘蔵の弟子になりました。

ところが、この青年に想いをよせたのが師匠の夫人だったのです。彼女は夫が旅に出るのを待って、青年を誘惑しようとしました。しかし青年が、それは道にはずれていますと、頑《がん》として受けつけなかったのを逆《さか》恨《うら》みし、帰って来た夫に真に迫った様子で、青年に犯された、と告げたのです。

これを真《ま》に受けた師匠は、愛弟子《まなでし》の裏切りに逆上して、世にも恐ろしい報復手段を考え出しました。言葉巧みに「梵天に生まれるための一つの秘法がある」と言って青年の心を捉え、「それには七日の間に千人の首を切り、その指を一本ずつ切り取って、千の指で首かざりを作って着けよ」と教えたのです。青年が「そういうことは何としても納得ができません」と言うのを、師匠の言葉を信じることができないのかと、おどしたり、すかしたりした挙句、遂には強引な方法で青年の心を動かし、動いたと見るや、間髪《かんはつ》を入れず鋭い刀を手渡したのです。

青年は、憑《つ》かれたように刀を握って外に走り出ると、来合わせた人の首をはね、その指を切り取って、一つ目の首かざりにしました。大きな両手は血にまみれ、それを見つめる二つの目はぎらぎらと異様に血走って、青年はもう元の青年ではなくなっていました。

こうして七日目の朝には九百九十九本の指が、がっしりとした肩から胸に、無気味な首かざりとなってぶら下がっていたのです。

悪鬼と化したアングリマーラは、あと一本の指を求めて歩きまわりました。しかし、当然のことながら、誰も姿を見せません。この時、はるか向こうから母親の姿が見えて来ました。飲まず食わずでいるだろう息子を案じて、食べ物を持って来たのです。ところが今や、最後の一本の指のことしか頭にないアングリマーラは、こともあろうに走って行って、その母親を殺そうとしたのです。

この時、釈尊のお姿が見えたのです。

釈尊は、人々が必死になって止めるのもお聞きにならず、ただ独り、アングリマーラのいる所へ向かって、大道を進んで行かれたのです。

驚いたのはアングリマーラでした。(何たることだ。この道を三十人、四十人、五十人が一緒になってやって来ても、一人残らず獲物になっている。それをあの修行者はたった独りで堂々と、辺りを圧する威厳をもってやって来る。よし、最後の指はあの修行者を殺して取ってやろう)こう決めると、そっと後ろにまわって釈尊を付けはじめました。

けれども釈尊は、総てを見通しておいでになりました。静かに普通に歩いておられる釈尊に、あの足の速いアングリマーラが、どうしても追いつけないのです。これは神通力のせいだったのです。たまりかねたアングリマーラは、立ち止まって叫びました。

「止まれ、修行者よ。止まれ、修行者よ」

すると釈尊が仰せになりました。

「私は止まっている。アングリマーラよ、お前こそ止まれ」

アングリマーラはこれを聞くと、

「修行者よ、あなたは歩いているのに《私は止まっている》と言い、止まっている私に《止まっていない》と言われる。修行者よ、その訳《わけ》を聞きたいのです。どうしてあなたは止まり、私は止まっていないのですか」

言葉遣いまでが変わって来ていました。

「アングリマーラよ、私は常に一切の生き物に対して害心を捨て去っているから、止まっているのであり、お前は生き物に対して自制がないから、止まっていないのである」

この釈尊の一言によって、アングリマーラは、一挙にあの呪《のろ》われた魔境からすっぽりと抜け出し、心の目を開くことができたのです。そして改めて目の前においでになるお方こそ、三界の大導師、仏陀釈尊であられることを、また、自分を救わんがためにここにこうして来られたことを知ると、先程からの理に適《かな》ったお教えを心から謝し、悪行を捨て切ることを誓ったのでした。

こうしてアングリマーラは、刀や兇器を断崖や深い溝に投げ落とし、世尊の御前にひざまずいて礼拝すると、心から出家を願ったのでした。仏陀はまことに慈悲の大仙人、人間界・天界の師主であられます。このアングリマーラにも出家を許され、仏弟子の一人に加えられました。

この時、凶賊アングリマーラは死に、新たに、アングリマーラ尊者として再生したのです。

釈尊は、この新しいお弟子を連れて、祇園精舎へ帰って行かれました。

一方、コーサラ国王は国民たちの激しい要請から、凶賊アングリマーラを捕らえんと、武装した五百騎の軍を率《ひき》いて出かけて来ました。そして途中、はからずも詣でた祇園精舎で、あの恐ろしいアングリマーラが、今は静かに清らかに、仏弟子の一人となって坐っているのを見ました。国王は余りのことに、しばらくは呆然としていました。釈尊に言われなければ、とうてい気がつかなかったことでしょう。それにしてもあれほどの凶賊がと、仏の力の偉大さに驚嘆しながら、王はそのまま引き返して行ったのです。

しかし何といっても、世間の人々の怒り憎しみ憤りは消えていません。ある朝、衣鉢を手に、舎衛城へ托鉢に入ったアングリマーラ尊者は、土塊《つちくれ》を投げつけられ、棒を投げつけられ、石つぶてを投げつけられて、頭も体も傷だらけになり、血を流し、鉢を壊され、衣を破られて、世尊の御許に帰って来ました。本来の力、足の速さをもってすれば、どんなにでもして避けることができたはずです。けれども己を知っている尊者は、それを一切しませんでした。

世尊は遠くから、アングリマーラ尊者が無残な姿で歩いて来るのを、見ておいでになったのです。そして仰せになりました。

「アングリマーラよ、忍《しの》んで受けよ、忍んで受けよ。そなたの業《ごう》の報いによって、幾年、幾百年、幾千年、地獄に於て受けるべきその業果を、そなたはこの世で受けているのであるから」

このお言葉が、どんなにその時の尊者を励ましたことでしょうか――。

それからもアングリマーラ尊者は、いつも変わらず威儀を正して、舎衛城へ托鉢に入って行きました。そんなある朝のことです。一人の婦人が難産に苦しんでいました。それを見た尊者は思わず（ああ、実に生きとし生けるものは苦しんでいる。ああ、実に生きとし生けるものは苦しんでいる）と痛感したのです。

托鉢から帰った尊者は、世尊の御許にまいって、このことを逐一《ちくいち》述べました。すると世尊が仰せになりました。

「アングリマーラよ、それではそなた、舎衛城へ行って、その婦人にこのように告げなさい。《婦人よ、私は聖なる生を得て以来、故意に生き物の命を奪ったことがありません。この真実によって、汝は安らかなれ、安産なれ》と」

「世尊、かしこまりました」

尊者はただちに舎衛城へ行くと、まだ苦しみ続けている婦人に、この言葉を一心こめて告げました。と、ふしぎにも、あれほど苦しんでいた婦人が、いつしか安らかな状態になり、やがて無事にすんなりと子供を産んだのです。

このことはたちまち評判となり、それからは托鉢に行っても食が得易くなりました。この真実の言葉は表現を少し変え、『指鬘経《しまんきょう》』として今も大切な護経の一つになっています。

その後、アングリマーラ尊者は、独り人々からも離れ、熱心に精進を続けていましたが、やがて阿羅漢のさとりに達し、八十人の大長老の一人に数えられるようになったと申します。

40 アーナンダ尊者、釈尊の侍者となる

釈尊も次第にお年を召されました。成道されてから二十年間、釈尊には一定の侍者《じしゃ》がありませんでした。七人ほどの者が時に応じてお仕えしてはいましたが、ある者はわがままで、遊行のさい道を行くにも仰せに従わず、ある者はすこぶる粗雑で、世尊の鉢や衣の扱いに不都合があるなど、何れも長続きしなかったのです。けれども、すでに老境に近づかれ、しかも元来頑健なお体でない釈尊には、何としても定まった侍者、それ

も従順で心優しく、浄信を持つ聡明な人物が必要だったのです。

そんなある日、釈尊は修行僧たちに、

「私ももう年を取った。常に変わらず付き従ってくれる侍者として、しかるべき修行僧を一人、決めるように」

と仰せになりました。これを聞いた舎利弗《しゃりほつ》をはじめとする長老たちは、「世尊、私が随侍いたします」「世尊、私が随侍いたします」と口々に申し上げて、合掌低頭《がっしょうていず》して立ち上がりました。しかし釈尊は、その心のほどはお受けになりながらも、お断りになりました。

そこには、誰が見ても釈尊の侍者として非の打ちどころのない、アーナンダ尊者の存在があったのです。アーナンダ尊者は釈尊の従弟であり、年ははるかに若く、明月を見るような容姿の美しさそのままの、清らかで美しい心の持ち主だったのです。その上、細やかで温かく、思い遣り深い性質は、まわりの人々を和《なご》やかにさせ、皆から親しまれていたのです。そこで修行僧たちはアーナンダ尊者に言いました。

「君こそ、世尊の侍者となるには最もふさわしい人です。それをどうして願い出ないのですか」

すると尊者は、

「もし世尊が、ご自分で得られた衣を私にお与えにならず、ご自分の受けられた鉢の食べ物を私にお与えにならず、ご自分と同じ芳香に満ちた住居に住むことを許されず、ご自分が招待された時、私をお連れにならないならば、そして、もしまた世尊が私の受けた招待においで下さり、もし私が、外国や遠い地方から世尊に会いに来た人々を、その人たちが着いてすぐ、世尊にお会わせすることが許されるならば、もし私に疑問が生じた時、即刻世尊に伺うことが許されるならば、もしまた世尊が私のいない時に説法なさったことを、私が帰って来た時私に説いて下さるならば、私は世尊に随侍いたしましょう」

と、四つのお断りと四つの希望、この八ヵ条の特別のお許しを条件として、願い出たのです。

釈尊はこの願いを総てお許しになりました。この時以来、アーナンダ尊者は釈尊御入滅のその時まで、侍者として二十五年間、影の形に添うように、変わることなく誠心誠意お仕えし続けたのです。

釈尊の侍者となったアーナンダ尊者は、多聞・記憶・行儀・堅固・随侍の五つの点で第一の人となり、侍者ならでは得られぬ数々の尊い幸せをその身に具え、さらに八つの特別のお許しを得て、仏の教団において有名となり、天空にかかる月のように輝いたのです。

さて、ある日のことでした。修行僧たちが講堂で、「如来はアーナンダ長老に八つの特別のお許しを与えて、満足おさせになった」と話していました。そこへおいでになった釈尊は、「今ここで、何の話をしていたのか」とお尋ねになり、返事を聞かれると、「修行僧たちよ、今生《こんじょう》だけではなく前の生《しょう》でも、私はアーナンダを特別の許しによって満足させたのだ。その時にも私は、彼が望むものを総て与えたのである」とおっしゃって、「ジュンハ王前生物語」をお説きになりました。

41 ジュンハ王前生物語

昔、バーラーナシーでブラフマダッタ王が国を治めていた時のことです。王子のジュンハ少年は、遠く離れたタッカシラーの都で、学芸を修めていました。

ある闇の夜、師匠の家から自分の住居へ帰ろうと、王子は道を急いでいました。その時です、托鉢を終えて自分の住所へ帰って来た一人のバラモンに、ジュンハ少年は暗くて相手が見えなかったばかりに、ひじをぶつけてしまいました。そのため彼の食べ物の入っていた鉢は壊れ、バラモンもまた倒れて叫びました。王子は驚いて、申し訳なさでいっぱいになりながら、夢中でバラモンを助け起こしました。
バラモンは「あんたさんのせいで、私の托鉢の鉢は壊されてしまった。その分をつぐなって下さいよ」と言うのです。王子は困ってしまいました。そこで「今、私は何もできません。けれども私はカーシ国王の王子ジュンハという者です。それ故、私が王位に即《つ》いた時来て、私に財産を要求して下さい」と言ったのです。

学芸を学び終えた王子は、師匠にあいさつをして国に帰り、父王にその成果を見せました。父王の喜びは一通りではありません。生きてこうして王子に会えたからには、次は国王となった我が子の、栄光に輝く姿をこの目でしかと確かめたいと、王子を王位に即けました。以来、彼はジュンハ王と呼ばれ、正義をもって国を治めました。

かのバラモンはそれを聞くと、かつての夜の約束を果たしてもらおうと、バーラーナシーの都へ行きました。そしてジュンハ王が美しく飾られた都を、右まわりの礼をとって行列を進めているのを見ると、小高い場所に立って手をのばし、「万歳」と叫んだのです。しかし王は、それを見ないで通り過ぎようとしました。そこでバラモンは、詩をもって王に話しかけたのです。

「民の主よ　私の話をお聞きあれ
ジュンハ王よ　私は目的あってここに来た者
すぐれた賢者は申された
旅のバラモンが立っている時　そのままにして行き過ぎてはならないと」

王はこれを聞くと、象を止めて答えられました。

「余は止まって聞いている
バラモンよ　申すがよい

どのような目的によってここに来たのか
バラモンよ　そなたはどのような物を余に求めてここに来たのか
さあ　それを申すがよい」
「私に豊かですばらしい五つの村を下さるように
百人の女奴隷と　七百頭の牛と
金貨は千枚より多く　私と同じバラモン族の二人の妻をも下さるように」
詩の応答はこの後も長々と続けられ、そこでジュンハ王ははじめて、このバラモンがどういう訳の人であったかを知ったのです。何分にもまっ暗闇の中のことで、顔も何も全く知らないままでいたのですから。とはいえ王は、その約束を忘れてはいませんでした。
ジュンハ王は快く、バラモンの望むものを総て与えることにしました。バラモンは心から満足して、最後の詩を歌うように述べました。
「王よ　善き人との出会いとは
このようなものでございます
数ある星々の中で　星の王なる月が満ちて輝くように
カーシ国の王よ　私は満たされました
今日こそ私にとってあなたとの　友情が完成したのでございます」
こうしてジュンハ王は、バラモンとのかつての約束を果たし、彼に大きな名誉を与えたのでした。
その時のジュンハ王は釈尊の、バラモンはアーナンダ尊者の、前の世での姿でありました。

㊷ アジャータサットゥ王子の誕生

その昔、二十九歳で髻《もとどり》を切り、出家されたばかりの釈尊が、初めて托鉢をされたのがマガダ国の都・王舎城でした。そしてその余りにも気高いお姿に、自分の方から進んで会いに行ったのが、やはり年若く理想に燃えていた、マガダ国王ビンビサーラだったのです。この感動的な会見の後、六年経って釈尊が成道《じょうどう》されると、ビンビサーラ王は竹林精舎を献じて、それ以来、名実ともに仏教教団の大外護者《げごしゃ》となったのでした。

この王には長い間、子供がありませんでした。それがようやく授かって、お妃のヴェーデーヒー（韋提希夫人《いだいけぶにん》）がみごもったのです。けれどもこの妊娠には、心から喜び切れない不吉なものがありました。それは、まず第一に、いかに妊婦の特別な欲望からとはいえ、いつもは優しく貞淑なお妃が、何としてでも、王の右膝の血が飲みたいという、恐ろしい思いに取りつかれてしまったことです。それも我慢ができないほど、激しいものだったのです。

侍女たちは、このただならぬお妃の様子に薄気味悪さを感じながらも、それを聞き出しました。そして王にこのことを報告したのです。

これを聞いた王は、すぐさま人相見たちを呼ばせ、お妃の様子を話して訳《わけ》を尋ねました。すると人相見たちは答えました。

「お妃さまのお腹に宿られたお子さまは、将来、あなたさまを殺して王位を奪われましょう」

これが第二の不吉なものだったのです。しかし王はこれを聞くと、

「もし将来、余の子供が余を殺し、王位を奪ったとしても、それに何の悪いことがあろう」

こう言うなり、そくざに刀で右の膝を刺し、血を黄金の器に取らせて、それをお妃に飲ませました。

王のまっ赤な血を飲んで、お妃は考えました。（私のお腹の子が父王を殺すとしたら――）いたたまれなくなったお妃は、そこで心を決めると腹心の侍女を呼び、自分のお腹を思い切り踏ませました。胎児をおろすためでした。お妃は一生懸命（生まれて来ないように）と祈っていたのです。けれどもこれは王の耳に入ってしまいました。王はお妃を呼ぶと、

「妃よ、余とそなたとの子が、将来、余を殺して王位を奪うというが、それはそれでよいではないか。余もいずれは年を取って死んで行く身だ。これからは決してそのようなことをしてはなりませんぞ」

と言い聞かせました。けれどもお妃の方は、とてもそんな気持にはなれません。（王さまの温かい血を飲んだこの口は、いまに耳まで裂けてしまうのではないか）とおびえ、夢では悪鬼がお腹の中で大きくなって行く様子をありありと見て飛び起き、心の休まる暇もないのです。そこでそれからは庭園に行って、侍女にお腹を踏ませていたのです。しかしこれもまた王に知れ、お妃は庭園に行くことも禁止されてしまいました。

そうこうしているうちに、やがて月満ちて王子が生まれました。遅い子供だけに父王の喜びようは大変なものでした。王子はアジャータサットゥ（阿闍世《あじゃせ》）と名付けられました。

この名前については昔から、後年、本当に父王を残虐な方法で餓死させたためと、人相見たちの予言もあったからでしょうが、「生まれる前から父の怨敵であった」という意味で付けられたのだと伝えられています。けれども父王はきっと、インドに古くからあったといわれる「敵対する者のない」という、王者に最もふさわしい名前として、これを選んだのではないでしょうか。たとえ、王もお妃もそれぞれに、自分自身ですら気づかない意識の深い所で、言い知れぬ思いを抱いていたとしても、です。

とはいえ、日に日に大きくなって行く、幼い王子の愛らしさ、あどけなさは、そうしたすべてを忘れさせ

てしまうのでした。ことに父王の愛情は、盲目的としか言いようのないものだったのです。

そんなある日、王の招待を受けられた釈尊は、五百人の修行僧たちに囲まれて王宮に来られ、用意された座にお坐りになりました。王は仏をはじめとする修行僧方に、味の良いさまざまなお料理を整えて食事のご供養をし、仏を礼拝して法話を伺っていました。

すると、そこへ一人の家来が、王子を美しく着飾らせて連れて来ました。王はその姿を見ると、相好《そうごう》を崩して王子を膝の上にのせ、王子可愛さに我を忘れてしまいました。日頃あれほど真剣に、畏敬の念を以て拝聴している釈尊のご法話にも、まるで身が入りません。

これをご覧になった釈尊は、王がすっかり王子への愛におぼれて、油断し切っていることを知られ、

「大王よ、昔の王たちは、自分の王子たちを信用しなかった。不心得な者は王宮にも置かず、自分が死んだ後に、初めて連れて来て王位に即けるよう、命じて置いたものである」

とおっしゃって、遠い昔、前の世での、ある一人の王の話をしてお聞かせになりました。

その王がまだ若い王子であった頃、彼はタッカシラーという都で、四方に名の聞こえた、有名な師匠について学芸を学んでいました。

やがてそれらを学び終え、王子がいよいよ帰国することになった時、人相を見る術を知っていたこの師匠は、王子に息子による障害の相があるのを見て取ると、それを取り除いてやらなければと、王子に「四つの詩」を与えました。「王位に即いて、息子が十六歳になった時称《とな》えよ」という条件のものが、一番目の詩でした。以下、いずれも王位をねらって父王を殺そうとする王子から、王の身を守るためのものばかりだったのです。

長い年月、王は師匠に教えられたこの「四つの詩」と、それを称えるべき時と場所とを、しっかりと覚えていて片時も忘れず、一つ一つを忠実に守って実行しました。そのため、父王の命をねらう王子の計画はことごとく失敗し、最後に四つ目の詩を、王が教えられた通りの時と場所で称えた時には、遂に（父上に見破られてしまった。こんどこそ私は殺されるだろう）と恐れて気も転倒し、王子は潜んでいた父王の寝台の下から這《は》い出して来ると、刀を父王の足もとに投げ出し、「父上、私をお許し下さい」と叫んで身を伏せたのです。

父王は、「お前は自分のしていることを、誰も知らないとでも思っているのか」と王子の不心得を厳しく叱り、鎖《くさり》で縛らせ、牢獄に入れて番人をつけておいたのです。王はその時、我が身を救ったこの「四つの詩」を、自分に授けて下さった師匠の恩を、沁々とありがたく思ったのでした。

やがて王が亡くなると、人々は遺骸を葬ったその後で、初めて王子を牢獄から出し、王位に即けたのです。

この法話をされた釈尊は、

「大王よ、こうして昔の王は、疑うべきものは疑ったのである」

と仰せになりました。

ここまで世尊が説かれても、平生あれほど聡明な王が、膝の上の王子にばかり気を取られて、それが自分に対する世尊の、温かくも厳しいお諭《さと》しであることにさえ、思いが至らなかったのです。

こうしてアジャータサットゥ王子は次第に、マガダ国の後継者として成長して行ったのです。

第六編　デーヴァダッタの嫉妬

43 デーヴァダッタの反逆

デーヴァダッタ（提婆達多《だいばだった》）は、アーナンダ尊者たちと一緒に出家した、釈尊にとっては、はるかに（一説に三十歳ほども）年下の従弟《いとこ》でした。初めは仏弟子として真面目に励んでいたのですが、いつの間にか名利への欲望が強くなり、自己顕示欲が盛んに頭を持ち上げて来はじめたのです。それには釈尊がお年を召して来られたこともあったのでしょう。

デーヴァダッタはその野心をふくらませて行きました。しかし何をするにもまず必要なのが、強力で絶対的な外護者の存在です。そこで目をつけたのが、かのアジャータサットゥ王子でした。マガダ国の次の国王であるアジャータサットゥ王子の心をがっちりとつかみ、自分の信者とすることは、どの角度から考えても最上の得策だったのです。（どんな事をしてでも、まず王子の尊敬と信頼を得なければならん）こう決心すると、デーヴァダッタはさっそく行動に移りました。

彼は身につけていた神通力を使って童子に姿を変え、蛇の帯をしめて、アジャータサットゥ王子の膝もとに姿を現わしました。ぎょっとした王子は、思わず気味悪さと恐ろしさと驚きで、顔色を変えました。するとその童子が言うのです。

「王子さま、私をこわがっていらっしゃるのですか」

王子は怒ったように答えました。

「そうだ。お前は一体誰なのだ」

「私はデーヴァダッタでございます」

王子は耳を疑いました。

「お前がもし、本当にデーヴァダッタ尊者であるならば、自分の姿を現わして見せよ」

すると一瞬にして、鉢と衣を手に持った、修行僧姿のデーヴァダッタが目の前に立っていました。王子は安心すると同時に、すっかりその神通神変の力に感心してひどく喜び、デーヴァダッタを尊敬して、信じるようになりました。そしてそれからは朝夕、車を連らねて彼のもとに行って奉仕し、毎日沢山の食べ物を供養したのです。

これまでは他の勝《すぐ》れたお弟子方が、人々から尊敬と供養を受けているのを見るばかりだったそのデーヴァダッタが、今はこんなにも華々しい奉仕と、豪華な食べ物の供養を、毎日マガダ国の王子から受けているのです。やがてそれが当然のことのようになって幾年かが経つうち、デーヴァダッタはいつしか自分が見えなくなってしまいました。そしてとうとう（私がこの仏教教団を統治しよう）と考えるようになったのです。その瞬間、彼は神通力を失いました。けれどもそれには全く気がついていなかったのです。

一方、こうした尊敬や奉仕、供養などを受けているデーヴァダッタを見て、うらやましく思う修行僧たちも少なくはありませんでした。そこで釈尊はこれを機に、「デーヴァダッタが得ているものをうらやんではいけない、物質や尊敬や世間的な名誉は、出家者にとって、己を害し己を壊すものである」ということを、その人たちが納得するまで、懇切に説かれました。

ある日、世尊はビンビサーラ王をはじめとする多くの人々に囲まれて、どっしりとお坐りになり、深々としたよく通る麗《うるわ》しいお声で、尊い法を説いておいでになりました。その集会でのことです。デーヴァダッタは座から立つと、衣の右肩を出して敬意を表し、世尊のおいでになる所に行って合掌を捧げると、こう申し上げました。

「世尊よ、今や世尊はすっかりお年を召されました。お体も衰えて来られました。世尊よ、これからはもう安らかに日々をお過ごし下さいますように。そしてこの教団は私にお譲り下さい。私が教団を統治いたしましょう」

これを聞かれた釈尊は厳しく、

「止《や》めよ、デーヴァダッタよ。教団を統治しようと願ってはならない」

と抑《おさ》えられました。それでもデーヴァダッタはまた同じ言葉を繰り返しました。釈尊も同じお言葉を返されます。しかし彼が三度目にそれを口にした時、釈尊はぴしりと仰せになりました。

「デーヴァダッタよ、私は舎利弗・目連という、教団の双璧ともいうべき傑出した二人の弟子にさえ、教団を譲ってはいないのだ。それを、ましてやお前のように、六年もの間、人のつばきを食べていたような者に、どうしてこの教団を譲ることなどできようか」

六年間、アジャータサットゥ王子に取り入り、媚《こ》びへつらっていたことを、こんなにもはっきりと指摘されたデーヴァダッタは、人一倍勝気で、名誉心と自負心が強いだけに、（世尊は国王までおられるこの大集会で、私を人のつばきを食べた者とまでけなして恥をかかし、舎利弗や目連をあんなにもほめられた）と、当然なことを逆恨《さかうら》みしながら、形だけは崩さずに世尊を礼拝し、右まわりの礼を取ってその場を去りました。

自分に対する反省というもののまるでないデーヴァダッタは、釈尊が何故あそこまで仰せになったか、その意味合いすら分かってはいなかったのです。そしてただひたすら、激しい恨みと憎しみを胸底深く抱いたのでした。これが彼の釈尊に対する最初の怨恨《えんこん》となったのです。

釈尊にはデーヴァダッタの心中が、手に取るように見えておいでになりました。反逆心も野心も、荒々しく手段を選ばぬその心も、これらはすべて、仏教教団の修行僧としてはあるまじきことばかりでした。

そこで釈尊は、修行僧たち全員の同意のもとに、王舎城でデーヴァダッタについて、次のように告示することを決められました。

「デーヴァダッタの本性は、今は以前とは異なっている。デーヴァダッタの言動を以て、仏・教え・教団がそのようなものであると見てはならない。それはデーヴァダッタだけのこととして見るべきである」と。そしてこれもまた全員の同意のもとに舎利弗が代表として選ばれ、沢山の修行僧とともに王舎城へ入って行って、これを述べたのです。

この言葉を聞いて信仰心も無く、心も浄らかでない愚かな人々は（あれはデーヴァダッタ尊者への嫉妬からだろう）としか受け取っていませんでしたが、信仰心があり、心が浄らかで聡明な人々は（これは唯事《ただごと》ではない）と、よく注意して耳を傾け、それを胸にたたみ込んで置きました。これは後々、さまざまな事件に際して必要なことだったのです。

さて、いよいよデーヴァダッタが恐ろしい本性を見せはじめました。彼はアジャータサットゥ王子の所へ行くと、巧みに持ち掛けて王子の心を動かしたのです。

「王子よ、昔の人々は長寿でしたが、今は短命です。あなたは王子のままで、命を終えることにならないとも限りません。そこで王子よ、あなたは父王を殺して王におなりなさい。私は世尊を殺して仏陀となりましょう」

デーヴァダッタを大神通力があり、大威力ある尊者として尊敬し、信じ切っている王子は、これを聞くと朝早く、半ば暗示にでもかかったように、ももに短剣を帯び、恐ろしさと異常な興奮で全身をわなわなとふるわせながら、飛び込まんばかりの勢いで、必死になって後宮へ入って行きました。

後宮に詰めていた侍従や大臣は、王子のこの尋常でない様子を見ると驚いて駆けより、その体を抱き止めました。見ると、ももには鋭い短剣を帯びています。一同は緊張した表情で王子を見据えて聞きました。

「王子よ、あなたは何をなさろうというのですか」

「父上を殺そうとしているのだ」

「誰がそそのかしたのですか」

「デーヴァダッタさまだ」

大変な騒ぎになりました。けれどもこの時はそれなりに、一応、事《こと》なきを得たのです。ただデーヴァダッタの名前が出たことは、先の王舎城での告示が無ければ、仏教教団にも何が起こったか知れません。怒りの余り、（王子とデーヴァダッタとすべての修行僧を殺すべきだ）と考えていた高官もいたのですから。

それにつけてもビンビサーラ王は、自分を殺そうとして入って来た、その王子の気持を汲《く》んで許すほど、悲しいまでの限りない愛と広い心を持つ、優しい父王だったのです。

44 アジャータサットゥ、慈父を殺す

ビンビサーラ王は、自分を殺そうとしたアジャータサットゥ王子を、無条件で許したばかりではありません。王子の口から王位が欲しかったからだと聞くと、「王子よ、それならばそなたに王位を譲ろう」と、マガ

ダ国の王位まで惜し気もなく譲ったのです。

こうしてアジャータサットゥ王子は、この国の新しい王になりました。

けれどもデーヴァダッタの目的は、どこまでもビンビサーラを亡き者にすることにあったのです。四十年近く仏陀釈尊を仰ぎ続け、法の眼を具《そな》え、物心両面の大外護《げご》者として、仏教教団につくして来たビンビサーラの存在は、実に大きなものでした。釈尊とビンビサーラ、デーヴァダッタとアジャータサットゥの組み合わせは、まさに聖と俗とをくっきりと見せていました。それだけに自分の目的を達成するためには、何としてもビンビサーラは邪魔だったのです。それに、アジャータサットゥ王には絶対的な力を持たさなければなりません。そこでデーヴァダッタは再び新王の心を、親切ごかしにゆさぶりはじめたのです。

マガダ国の人々は、徳の高いビンビサーラの治世に、長い間馴《な》れ親しんで来ています。たとえ王位は退いても、人々の先王に対する敬愛と信頼の念は、今も少しも変わってはいませんでした。そうしたことや、話に聞くアジャータサットゥ王が母妃の胎内に宿った時の不吉な予言、母妃の苦悩、「アジャータサットゥ」という名前の由来まで、何も彼《か》もを父ビンビサーラに対する憎悪と怒りに向けさせるよう、デーヴァダッタは巧みな話術でたきつけ、燃え立たせていったのです。そして遂にはビンビサーラを、断食によって殺すようにとまで教えたのです。

いまだにデーヴァダッタを信じ切っていたアジャータサットゥ王は、たちまち彼の用意した恐ろしい魔境に引きずり込まれていきました。

ある日、アジャータサットゥ王は家来に命じて、煙が立ちこめているような熱い牢獄に、父王を突然、幽閉させてしまいました。そこには厳重に番人がつけられ、王妃のヴェーデーヒー以外、誰も入ることが許されなかったのです。もちろん断食によって殺すつもりなのですから、食べ物は与えられません。

王妃は懸命になって牢番の目を盗んでは、栄養のある食べ物・飲み物を運びました。これによってビンビサーラの体は何とか保たれていたのです。

けれども、これも長くは続きませんでした。そこで王妃は衣装に工夫を凝《こ》らして、その中にエッセンスのような慈養物をしのばせて行きました。しかしこれも間もなくかなわなくなり、次には髪飾りの中へ、さらにこれも駄目になると、特別に作らせたはきものの中に入れて運んだりしました。

お妃は必死でした。けれどもとうとう、「たとえどんなに少しの食べ物といえども運んではならない」と言い渡され、その上、会うことさえ禁じられてしまいました。

こうしてビンビサーラは日に日に見る影もなく衰弱してゆきました。そんな中でも仏弟子であり、聖王と称《たた》えられたビンビサーラは、常に自らの心を正しく保つことを忘れてはいなかったのです。毎日はるかに世尊のおいでになる方角に向かって礼拝し、静かに牢内を歩き、またやせ細った足を組んで瞑想するという生活を、繰り返していたのです。それは死に切って生きている人の、ふしぎな静寂さ、得難い尊さを、牢番にすら感じさせずにはおきませんでした。

牢番からこの報告を受けたアジャータサットゥ王は、その一つ一つがいかにもいまいましく、どうしてくれようぞとばかり、たちまち数人の理髪師を呼んで牢獄へ向かわせました。

熱い牢獄に閉じこめられ、食を断たれてもなお、ビンビサーラは我が子アジャータサットゥを、まだどこかで信じてでもいたのでしょうか。この理髪師たちが来たのを、自分のひげをそるために遣《つか》わされたものとばかり思っていたのです。ところが何と、彼らはビンビサーラの足を切り開いてその中に塩などを塗り、さらにそれを焼いてしまいました。釈尊を礼拝することも、静かに歩くことも、足を組んで瞑想することも、二度とできないようにするためだったのです。ぞっとする残忍さです。

こうしてビンビサーラ王は、間もなく死んでしまいました。けれども仏を信仰した功徳によって、そのまま毘沙門天王《びしゃもんてんのう》の天に生まれて行ったのです。

ところがこの時、アジャータサットゥ王の所では、父王の死と同時に、初めての子供が誕生しました。それも王子が生まれたのです。父親としての言いようのない愛を知ったアジャータサットゥ王は、思わず母妃に自分の生まれた時のこと、幼ない時のことを尋ねました。

母妃は、どんなに父王が、生まれて来たアジャータサットゥ王子をいとおしみ、愛されたか、それを一つ、一つ、涙を流しながら話して聞かせました。

可愛い我が子を前にして、父王のそれほどまでに深かった自分への愛と慈《いつく》しみを、いまさらのように身にしみて知ったアジャータサットゥ王は、なおデーヴァダッタとの暗い魔境にありながらも、それなりに人間らしい思いの一かけらと、遣《や》り場のない気持を、針の先ほどではありましたが、その胸底に持つようになりました。そしてこれが後には、動かぬ心の強い芯となって、身も世もあらぬ父王への激しい悔恨《かいこん》となっていったのです。

㊺　デーヴァダッタ、悪計をめぐらす

ビンビサーラの死を知ったデーヴァダッタは、まずはおもわく通り事が運んだことに、すこぶる満足でした。そこでアジャータサットゥ王の所に行くと、

「大王よ、あなたはこれで望みを果たされました。けれども私はまだ何一つ望みを果たしてはおりません。世尊を殺して私が仏陀となるために、大王よ、弓の名手を三十一人集めて頂きたいのです」

と言いました。

王はこれを聞くと、すぐに五百人の射手《いて》を集めさせ、その中から三十一人を選び出しました。そして「デーヴァダッタ尊者の言葉通りにせよ」と命じて、彼のもとへ送りました。

デーヴァダッタは特に腕前の勝れた一人を呼び出すと、何も知らないその射手に、世尊が霊鷲山《りょうじゅせん》におられること、どういう時間にどこでそぞろ歩きをされるかを教えました。その上で、「そなたは毒矢で彼を射殺し、そのあと、こうこういう道を通って帰って来るように」と言いつけて、その男を行かせました。

デーヴァダッタはそれからすぐ、彼が帰って来る道に二人の射手を立たせました。そして、「この道に一人の男がやって来る。そうしたらその者を殺して、こうこういう道を通って帰って来るように」と言いつけました。そして次には、その教えた道に四人の射手を立たせ「この道に二人の男がやって来る。そうしたらその者たちを殺して、こうこういう道を通って帰って来るように」と言いつけたのです。

このようにして四人の帰って来る道には八人を、八人の帰って来る道には十六人を立たせて、順々に殺させるようにしておきました。これは自分のしたことを、完全に分からなくさせるためだったのです。

さて、最初の一人ですが、彼は左の腰に剣をつけ、背中には矢を入れた箙《えびら》を結び、牡羊《おひつじ》の角《つの》で作った大弓を持って、言いつけられた通り、釈尊のおいでになる所へやって来ました。

ところが大弓に毒矢をつがえ、ひきしぼりはしたものの、どうしても射放つことができません。それどころか全身が硬直して身動き一つできないのです。舌はかわいて生きた心地はなく、あるのは死の恐怖ばかりで、顔色もなく立っていたのです。

釈尊はこの姿を御覧になると美しいお声で、「恐れることはない。こちらの道から帰るがよい」と、デーヴァダッタが教えたのとは別の道を指し示されました。

瞬間、はじかれたようにその男は、弓も矢もすべての兇器をかなぐり捨てると、駆けよって世尊のお足もとに、ぴったりと頭をつけてひれ伏しました。

「尊いお方よ、まるで愚かな、迷える、善からぬ者がするように、私は大変な罪を犯してしまいました。私はあなたさまのお徳も知らず、デーヴァダッタの言葉のままに、あなたさまのお生命《いのち》をとろうとして、ここに来たのでございます。尊いお方さまよ、どうかこの私をお許し下さい」

全身に真心を表し、誠《まこと》の限りをつくして許しを乞うと、男は慎しみ深く片側に坐りました。

釈尊はそんな彼に順を追って法を説かれました。彼はそれによって、さとりの方向に向かう流れに乗った境地を得、法の眼を生じたのでした。

こうして釈尊は、彼を安全な道へ送り出されると、端然と樹の根元に坐っておいでになりました。するとそこへ、待ちくたびれた二人の射手が、道を逆に進んでやって来ました。二人は仏陀の余りにも静かで気高いお姿を見ると、思わず形を正して礼拝し、片側に坐りました。

釈尊はこの二人にも同じように法を説いてお聞かせになり、この二人もまた法の眼を生じて、釈尊の指し示される安全な道を通って帰って行きました。これは次の四人も、その次の八人も、さらにその次の十六人もみな同じだったのです。

最初の射手《いて》はデーヴァダッタの所に行くと、「尊者よ、私は至上のおさとりを開かれた仏陀のお生命を、とることはできませんでした。釈尊は大神力があられ、大威力がおありになるのです」と言い残して去り、仏弟子となりました。三十人の射手もこぞって釈尊の御許で出家し、仏弟子となったのでした。後年、彼らはそろって最高の聖者、阿羅漢《あらかん》の境地に達したということです。

あれほど、ぬかりなく仕組んだはずの釈尊殺害に、みごとに失敗したデーヴァダッタは、もう人まかせにしてはおけないと、こんどは自分で霊鷲山に行きました。そして山蔭を静かに歩いておいでになる釈尊めがけて、すさまじい勢いで大石を投げ落としました。

ところがその瞬間、二つの山がさっとばかりに寄って来たかと思うと、その大石をがっちりと受け止めてしまったのです。デーヴァダッタは呆然としてその石を見つめていました。

しかしこの時、その石のかけらが飛んで来て、釈尊の片方のおみ足を傷つけていたのです。血が流れ、激しい痛みが起こりましたが、名医のジーヴァカが切開して悪い血を出し、化膿した肉を切り取って薬を塗ったので、大事に至らずにすみました。

こうして釈尊はまた、大勢の修行僧たちと共に、すばらしい仏の威厳に輝いて歩いて行かれました。

デーヴァダッタは（あの立派な姿を見ては、誰一人殺意を持って近づけない。だが王の所には、仏・法・僧の徳などまるで分からない、強暴で恐ろしいナーラーギリという象がいる。あれに強い酒をたっぷり飲ませれば、ゴータマの生命を奪ってくれるに違いない）こう考えると、さっそく王の所へ行ってこの計画を話しました。

彼の信者である王はこれを聞くと、象飼いを呼んで命じました。

「明日、ナーラーギリに強い酒を飲ませて酔わせ、朝早く修行者ゴータマの通る道に放せ」

デーヴァダッタは象飼いに、ナーラーギリが平生飲む酒の量を尋ね、八壺《つぼ》であることを知ると、倍の十六壺飲ませ、突き棒や槍でナーラーギリを怒らせて、修行者ゴータマが通る道に向かわせるよう言いつけました。そして王は都中に「明日、ナーラーギリを酔わせて都に放す。都の者たちは朝早く用を済ませて、その後は道路を歩いてはならない」と、太鼓をたたいてふれまわらせました。

都はこの噂で沸き返りました。釈尊に帰依する人々は、竹林園に駆けつけると、「世尊よ、デーヴァダッタが王と組んで、明日世尊がお通りになる道に、かのナーラーギリを、しかも大量の強い酒を飲ませて放そうとしております。世尊よ、どうか明日は王舎城へ托鉢にお入りにならず、ここにお留まり下さい。私どもが仏をはじめとする僧団の修行僧方に、この僧院で食事の御供養をさせて頂きますから」と申し上げました。

釈尊は托鉢については信者たちのこの申し出をそのままに受けられました。しかし明日、王舎城に入って、酔象ナーラーギリを調伏《ちょうぶく》し、奇跡を行なって、迫害を加える者たちをこらしめるであろうと述べられました。

こうしてその当日、竹林園には王舎城のまわりにある十八の僧院にいる修行僧全員が集まり、釈尊はこの修行僧の大集団を従えて王舎城に入って行かれました。都は道路にこそ人影はありませんが、高い建物・家々の屋根は、人でいっぱいになっていました。

いよいよ釈尊のお姿が見えて来ると、ナーラーギリは狂ったような大声を出して人々をふるえあがらせ、家を壊し、車を踏み潰し、太い鼻を高々と挙げ、耳や尾の毛を逆立てて、小山のようになって、釈尊めがけて突進して来ました。

修行僧たちは、何とかして世尊に引き返して頂こうと必死でした。けれども釈尊は平然として、「修行僧たちよ、恐れることはない。私はナーラーギリを調伏することができるのだから」とおっしゃるばかりです。

舎利弗《しゃりほつ》をはじめ、八十人の長老たちほとんどが、「私が調伏いたしましょう」と、願い出ました。けれども釈尊は、「仏の力と弟子の力とは別なのだ」とおっしゃって、お聞きになりません。

たまりかねたアーナンダ長老は釈尊をお慕いするあまり、「この象はまず最初に私を殺すがいい」と言って、釈尊の前に立ちました。釈尊がどんなに止められても動こうとはせず、三度言われてもまだ立っているアーナンダ長老を、釈尊は神通力で引きもどされ、修行僧たちの間に置かれました。

その時です。一人の女の人が、ナーラーギリの余りの恐ろしさに気が動転し、恐怖につかれて逃げようとして道に飛び出し、抱いていた子供を象と釈尊の間に置いたまま、行ってしまいました。象はその人を追って、子供のそばまでやって来ました。子供はおびえて叫び声を上げています。

この時釈尊は、ナーラーギリに特別の慈愛をこめられ、深深とした美しいお声で呼びかけられました。

「ナーラーギリよ、おまえを大量の強い酒で酔わせた者たちは、私を襲わせるためにそうしたので、他の者を襲わせるためにしたのではない。さあ、そのまま私の所へ来るのだよ」

象は釈尊のこのお言葉を聞くと、目を見開いて、黄金色に輝く尊いお姿をじっと見つめました。そして仏の威光で酔いも醒《さ》め、打って変わった穏やかさで鼻をたれると、耳を動かしながら素直に近づいて来て、釈尊のお足もとにひれ伏すようにうずくまったのです。

「ナーラーギリよ、おまえは畜生の象で、私は仏という象である。これからは荒々しいことをしたり、人間を殺したりしてはいけない。慈悲の心を持つようにしなさい」

釈尊は優しくそう仰せになると、右手で象の頭のこぶをなでながら法を説かれました。

「象よ、大龍象である仏に、攻めかかってはならない。攻めかかれば、苦を受ける。象よ、大龍象である仏を打つならば、あの世に生まれて、善い境界《きょうがい》は得られない。思い上がってはいけない、怠《おこた》ってはいけない。怠るものは、善い境界に行くことがない。おまえは善い境界に行くであろうから、きっとこのようにすることであろう」

すると、みるみる象の全身が喜びで輝いたのです。

人々はこの奇跡に感動して、高価な装身具などを投げかけ、象の体はそれらの財宝で見えなくなってしまいました。この時からナーラーギリはダナパーラカ（財の守護者）と呼ばれるようになったのです。

釈尊はダナパーラカに戒をおさずけになりました。ダナパーラカは世尊のお心を頂いて、鼻でおみ足の埃《ほこり》を取って自分の頭に撒《ま》き、かがんだまま退《さが》って、釈尊を拝してから象舎に入って行きました。

先の財宝はすべて持主に返され、釈尊は修行僧の大集団と共に竹林園へ入って行かれました。

デーヴァダッタは又もや釈尊殺害に失敗しました。酔象を放ったばかりに、奇跡を示された釈尊の名はますます高まり、その釈尊を殺そうとしたというので、デーヴァダッタは今まで受けていた供養や尊敬まで、次第に失う結果になったのでした。

㊻　教団破壊を企てるデーヴァダッタ

デーヴァダッタは三度まで釈尊の殺害に失敗し、それによってかえって釈尊の偉大さを、いやが上にも世間の人々に知らせる結果になってしまいました。それだけではありません。デーヴァダッタ自身に対する尊敬や供養は、そのために日毎失われて行くばかりでした。ここまで来てもまだ、それが釈尊と自分との間にある、比べようもない力と境界の大きな違いであることに、彼は気がつかなかったのです。

そんなデーヴァダッタでしたから、釈尊の自分に対する叱責《しっせき》や教訓が、仏の智慧による、仏ならではの計り知れない慈悲から出たものであることなど、分かろうはずもありません。かつてはアジャータサットゥ王子の外護《げご》を得て思い上がり、釈尊に取って代わって仏となり、教団を統治しようとまで考えたデーヴァダッタです。そのもくろみが次々とあっけなくつぶれ、逆に自分の足もとさえおぼつかなくなると、こんどは手《て》負猪《おいじし》のように、それではというので、こともあろうに教団の破壊という大それたことを企《くわだ》てはじめたのです。

彼はまず、同志ともいうべきコーカーリカをはじめとする四人の仲間の所へ行きました。そして太い眉《まゆ》を上げ、大きな眼をぎらぎらさせながら、押し殺した強い声でこう切り出しました。

「友よ、我々はゴータマを中心とする仏教教団を破壊するのだ。和合してよろこび合い、争うことなく、同じ一つの教えのもとに、安らかな心で精進しているあの修行僧たちを、我々のこの手でみごと分裂させてしまうのだ」

これを聞いたコーカーリカは驚いて、思わず言葉をはさみました。

「友よ、それは余りにも無謀ではないか。ゴータマは大神通、大威力を持っている。我々にそんなことができようはずがない」

しかしデーヴァダッタは意にも介しませんでした。彼にはそれだけの目算があったからです。

「友よ、我々はゴータマの所へ行って、教団に関する五ヵ条の要求を出すのだ。

一、修行者は生涯、森に住む者となり、村の辺《あたり》に入れば罪にすべきこと。

二、托鉢によって得た物だけを食べる者となり、招待による食事を受ければ罪にすべきこと。

三、塵《ちり》・芥《あくた》の中に捨てられた、ぼろきれを綴《つづ》り合わせて作った糞掃衣《ふんぞうえ》のみを着る者となり、信者から布施された衣を受ければ罪にすべきこと。

四、樹下に住む者となり、屋内に近づけば罪にすべきこと。

五、魚や肉を食べるべきでなく、食べれば罪にすべきこと。

これがその条項なのだ。ゴータマは絶対にこの五ヵ条を許しはしまい。そこを我々が取り上げて世間の人々に告げ知らせる。そして我々の立場を鮮明に示すのだ。世間の人々は修行僧というものにこうした厳しさを求め、こうした行き方を喜んで納得するに相違ない。我々はこの五ヵ条で必ず教団破壊という目的を達成することができるだろう」

こうしてデーヴァダッタとその仲間四人は釈尊のおいでになる所へ行き、釈尊を礼拝して片側に坐りました。デーヴァダッタは久しぶりに、えもいわれぬ得意さを覚えながら、さきの五ヵ条を持ち出したのです。

釈尊はそれを聞き終えられると即座に仰せになりました。

「止《や》めよ、デーヴァダッタよ。もし欲するならば常に森に住めばよいし、もし欲するならば村の辺に住めばよい。もし欲するならば常に托鉢によって得たものだけを食べればよいし、もし欲するならば招待による食事を受ければよい。もし欲するならば常に糞掃衣のみを身に着ければよいし、もし欲するならば信者から布施《ふせ》された衣を受ければよい。

デーヴァダッタよ、私は雨期を除く八ヵ月の間、樹下に住むことを許し、自分のためにわざわざ殺されたのを見ず、それを聞かず、その疑いのないものならば、魚や肉を食べることを許している」

釈尊は極度な苦行の弊害を身をもって体験されただけに、仏教教団では衣食住に関して、極端に厳格な規定を、絶対的に守らせるということはされませんでした。

言うまでもなく修行僧は、原則として、衣は糞掃衣を着る、食は托鉢による、住は樹下に坐臥《ざが》する、薬は主として牛の大小便によって作られた腐爛薬《ふらんやく》を用いる、と定められていました。けれどもそれぞれ、その人の体質やその場の状況等に応じて、臨機応変に例外も認められていました。たとえば極めて頑健な体の持主は、もちろん原則通りの生活をしてもよいし、そうでない者は、衣は信者から布施された綿・絹・毛・麻などの新しいものを受けることも許され、食は招待や供養などによるものも許され、住も精舎その他の住房洞窟なども許されていたのです。また薬は砂糖・蜂蜜・酸乳をはじめ、油の類、また植物から取ったさまざまな種類のもの、塩の類など、服用にも外用にも適宜に使うことが許されていました。それに魚や肉を絶対に食べてはならないということになれば、托鉢によって民家の食べ物を受けることは不可能になり、生活して行くことができません。衣食住の問題はあくまでも、いかに一人一人の修行僧が健全な心身を保ち、各自修行に励み、また教化活動に力を注いで行けるか、というところに重点が置かれていたのです。

デーヴァダッタは予期していた通りの釈尊のお言葉に、（しめたっ）とばかり、それこそ心の中は踊り上がらんばかりに快哉《かいさい》を叫んでいたのです。しかし外見はどこまでも恭《うやうや》しく釈尊を礼拝し、右まわりの礼をとって一同と共に去って行きました。

さて、デーヴァダッタはまず第一段階は計画通りに運んだと、大満足で仲間と共に王舎城に入って行きました。そして大衆に向かって、釈尊に「教団に関する五ヵ条の要求」を出したこと、その内容について一つ一つ熱を入れ力を入れて述べた後、釈尊がこれを許されなかったことを告げ、

「しかしながら我々は、この五ヵ条を固く守って行く所存である」

と、自分たちの旗印をまず王舎城の人々の前で高々と上げました。

これを聞いて、信仰心もなく、心も浄らかでない愚かな人々は、デーヴァダッタとその仲間たちを、質素で厳しい修行僧だとして、釈尊を「ぜいたくだ」と言いました。しかし信仰心があり、心が浄らかで聡明な人々は、デーヴァダッタが教団の破壊を企んでいるその魂胆《こんたん》を見抜いて、「何たることだ」と口々につぶやき、心から憤慨し非難しました。

こうした声を聞いた修行僧たちは、釈尊にこのことを報告しました。

釈尊はデーヴァダッタにことの真偽を問いただされ、それが事実であることを確かめられると、教団を破壊するということがどれほどの重罪であり、どんなに恐ろしい地獄の報いを後々その身に受けなければならないか、ことを分けて説いてお聞かせになりました。そして深い慈悲のお心から、「止めよ」と仰せになったのです。

けれども今やデーヴァダッタの耳に、釈尊のお言葉が本当に入ろうはずもありません。デーヴァダッタは

名誉欲・物欲・権勢欲の固まりそのものになってしまっていたのですから。

47 デーヴァダッタの一瞬の夢と死

仏教教団では半月に一度、満月と新月の日に、同じ地域の修行僧たちが集まって精進潔斎し、自己反省をして罪を告白懺悔《さんげ》する布薩《ふさつ》という定期集会がありました。その満月の日、いよいよデーヴァダッタは集まった大勢の修行僧たちを前にして、さきの五ヵ条を説得力ゆたかに雄弁をふるって述べ、同志を募《つの》りました。

「我々はこれを世尊に要求したのだが、許されなかった。しかし自分たちはあくまでもこの五ヵ条を守り通して行く決心をしている」

そこには最近教団に入ったばかりでまだ何も分からない、ヴェーサーリーのヴァッジ族出身の修行僧が五百人いました。彼らはデーヴァダッタの言うことこそ、まことの法であり、律であり、師の教えであると思い込み、デーヴァダッタに従ったのです。

こうしてデーヴァダッタは、こんどこそ計画通り目的を果たして教団を破壊し、五百人の修行僧たちを率《ひき》いて、ガヤーシーサ（象頭山《ぞうずせん》）に去って行きました。そこには以前、アジャータサットゥ王子によって彼のために建てられた精舎があったのです。

これを見た舎利弗《しゃりほつ》と目連《もくれん》は、釈尊のおいでになる所にまいって釈尊を礼拝し、片側に坐ってこの事件の顚末《てんまつ》を申し上げました。釈尊はそれをお聞きになると、

「舎利弗らよ、そなたたちには彼《か》の新参の修行僧たちに対する慈《いつく》しみの心がないのか。あるならば彼らがまだ、悩み、もだえ、苦しみに堕ちぬ間に行って救え」

とお命じになりました。

舎利弗と目連の二人はすぐさま座から立ち、釈尊を礼拝して右まわりの礼をとると、ガヤーシーサに赴《おもむ》きました。

その頃、デーヴァダッタは、釈尊がなさるのと同じように人々に囲まれて坐り、法を説いていました。それだけでもデーヴァダッタは（私も自分の教団を持てるようになった）とばかり、やっと得た今日の日の満足感に満面を輝かせていたのです。そして身のほどをもわきまえず、釈尊への対抗意識さえ燃やしはじめていました。

その時、はるか向こうから思いもかけず、舎利弗と目連の姿が見えて来たのです。デーヴァダッタは思わず、

「修行僧たちよ、見よ。ゴータマの第一の弟子、仏教教団の双璧といわれる舎利弗と目連がそろってここにやって来る。私の法を喜んでやって来るのだ」

と声をはずませました。これを聞いたコーカーリカは、不安気に、

「デーヴァダッタよ、舎利弗と目連を信頼してはいけない。あの二人には気をつけなければならないと思うのだが――」

と注意しました。けれどもデーヴァダッタはコーカーリカの言葉には耳もかさず、舎利弗が近づいて来ると、自分の座を半分ゆずってこう言いました。

「舎利弗よ、ここに坐りなさい」

しかし舎利弗は、それをきっぱりとことわり、別の座を取って坐りました。目連もまた別の一つの座を取ってそこに坐ったのです。

さて、夜になるとデーヴァダッタは、これまた釈尊がなさるのと同じように、修行僧たちに法を説き励ま

し喜ばせてから、舎利弗に説法をするようにと言い、自分は背中が痛むからと、右脇を下にして横になりました。これらはすべて釈尊のなさる通りのことをしていたのです。ところが、さすがに心身共に疲れ切り、その上、ほっとしてもいたのでしょう。デーヴァダッタは横になったかと思うと、そのまま泥《どろ》のように眠り込んでしまいました。

そこで仏弟子中、智慧第一と称される舎利弗は、人の心を読み取るすぐれた智慧によって、また神通《じんづう》第一と称される目連は、超人的なその能力によって、それぞれ修行僧たちに仏教の正しい法というものを懇々と説き聞かせ、彼らを教え導いて、その間違いを戒めました。

これを聞いた五百人の修行僧たちは、はじめて自分たちの誤《あやま》りを知り、さらにこの得《え》がたい二大弟子のすばらしい説法によって、この時、（生ずるものはすべて滅するものである）という、さとりの方向に向かう流れに乗った境地を得、塵も汚れもない法の眼を生じたのです。それを知った舎利弗は、

「友らよ、釈尊の御許《みもと》に行こう。釈尊の法を喜ぶ者は、我々と共に来なさい」

と言いました。五百人の修行僧たちは一斉《いっせい》に立ち上がり、舎利弗と目連の後に従って、竹林精舎に入って行ったのでした。

さあ、コーカーリカは居ても立ってもいられません。ぐっすり眠り込んでいるデーヴァダッタを力いっぱいゆすぶり起こしながら叫びました。

「デーヴァダッタよ、起きるのだ。目を覚ませ。舎利弗と目連が、あの修行僧たちを一人残らず連れて行ってしまったぞ。デーヴァダッタよ、私が注意した通りになったではないか」

デーヴァダッタは飛び起きざま、かっと両眼を見開いて一点をにらむように見つめていましたが、うかつにも予想だにしなかったこの出来事に、煮えくり返るような怒りと無念さ、気負っていたその分だけ激しい

落胆と失望を覚えると、その場で口から熱い血を吐き、そのまま重い病にかかってしまいました。

デーヴァダッタは長い間、自分は草の葉の先ほども釈尊の恩など受けてはいない

自分は自分で出家し、経・律・論の三蔵は自分の力で了解《りょうげ》したのだ

信者からよせられる尊敬も名誉も、供養される食べ物や財物も、すべては自分の力によるものだ

としか考えず、いつか利欲に捉われて、悪友に囲まれ、心の眼を濁らせていたのです。

けれども、こうして病苦の中で九ヵ月という月日を過ごすうち、何故か釈尊のお徳というものを、沁々《しみじみ》と心に想うようになっていました。そして、どんなに自分が非道なことをし続け、考え続けて来たか、それに対して釈尊はまったくこの自分に悪心をお持ちにならず、八十人の大長老たちもまた、自分に悪意を持たなかった……このような中に身を置きながら……と、デーヴァダッタは今までの所行を、身を裂く思いでふり返っていたのです。

釈尊を殺そうとして山から大石を落とし、その破片で仏身から血を出させ、酒で酔い狂わせたどうもうな大象ナーラーギリを釈尊に向かわせ、アジャータサットゥ王宮の門前では、王宮に迎え入れられなかったことへの誤解から、そこに居合わせた、阿羅漢のさとりにまで達していたウッパラヴァンナー（蓮華色）比丘尼を打って死に至らしめ、最後には釈尊があれほどまでに止められた教団破壊をあえてしてしまった……そして今、自分の犯した数知れぬ悪業のために、依るべき所もない者となってしまった。仏からも大長老たちからも、親族の長上であるラーフラ長老からも、釈迦族の王家からも棄てられたのだ。私は仏の御許にまいってお詫びを申そう。

デーヴァダッタはこう決心すると、従者に言いつけて自分を寝台に乗せたまま運ばせるようにし、夜だけ旅をして釈尊のおいでになるコーサラ国の祇園精舎へ向かったのです。そしてコーサラの一つの町に着いた

時、彼は使いを出してアーナンダ長老に、自分がコーサラへ来ていることとその訳《わけ》を伝えました。これを受けたアーナンダ長老は釈尊に、

「デーヴァダッタが世尊にお詫びを申すために、途中までまいっております」

と申し上げました。しかしすべてを見通しておいでになる釈尊は、

「アーナンダよ、デーヴァダッタは私に会うことはできないのだ」

と答えられるばかりでした。

やがてデーヴァダッタが舎衛城に着いた時、アーナンダ長老はいま一度、彼が舎衛城に来たことを申し上げました。けれども釈尊はこの時も、前と同じように答えられたのです。

やがてデーヴァダッタは、釈尊のおいでになる祇園精舎の門のそばにある、祇園の蓮池近くまで運ばれて来ました。この時、彼の悪業の果はその頂点に達したのです。

身体中に熱の出て来たデーヴァダッタは、沐浴して水を飲みたいと思い、従者に命じて寝台を下ろさせ、地面に降り立ちました。が、その瞬間、いきなり大地がぱっくり口を開《ひら》いたかと思うと、無間《むけん》地獄の底から恐ろしい勢いで炎が噴き出し、それはまるで生きもののようにめらめらとデーヴァダッタの全身を包みました。

この時、デーヴァダッタは改めて、自分が教団を破壊しようとした折、釈尊が仰せになったことを思い出しました。そして限りない仏の慈悲、偉大なお徳を想い、すさまじい火炎に巻き込まれ引き込まれながらも、精いっぱいの誠をもって心から仏陀釈尊を讃え、「生命をかけて帰依いたします」と誓いながら、燃えさかる無間地獄へ堕ちて行ったのでした。

㊽ アジャータサットゥ王の苦悩と帰依

仏陀であられる釈尊に、おろかにも長いあいだ敵対し、大罪をかさねたデーヴァダッタが、恐ろしい最期を迎えて大地にのみこまれて行った有様は、たちまちアジャータサットゥ王の耳にも入りました。そしてこの時から、王の苦悩と恐怖の毎日がはじまりました。王がまだ王子であったころ、胸に一物あるデーヴァダッタが、童子の姿に身を変えて目の前に現われてからの、悪夢としか言いようのない歳月を思うと、王にとってデーヴァダッタの最期は、そのまま自分にも通じるものであったからです。彼を悪人とも気づかず信じきって、その言葉に動かされ、そそのかされたあげく、遂には正しい父の法王を、残虐にも牢内で餓死させてしまったのです。アジャータサットゥ王は自分もまた、大地にのみこまれ、無間地獄に堕ちて行くに違いないと、心の休まる時もありませんでした。

少し眠ろうとすると、たちまち身は厚い鉄でできた地上に落とされ、鉄柱で打ち砕かれる……、地獄の犬どもに引きずられ、身を食いちぎられる……、そんな恐怖に襲われて絶叫しながら飛び起きる。夢と現《うつつ》の境さえはっきりとはしない余りの恐ろしさと心身の疲れで、アジャータサットゥ王は、マガダ国の大王という人もうらやむ立場にありながら、心はよるべもなく、おびえきっていたのです。

それは、ある季節祭りの満月の日のことでした。街々は美しい灯火に飾られ、王舎城《おうしゃじょう》はそのまま天の都のように見えました。アジャータサットゥ王は大勢の廷臣たちに取り囲まれ、豪華な宮殿の黄金で作られた玉座に坐っていました。気候はよし、都は世にも美しく、国はこのように富み栄えていると、この時ばかりは身の栄華を思っていたのですが、（いや、父王の栄華はこれよりもはるかに勝ってすばらしいものであった。

そのような法王を余はおろかにもデーヴァダッタを信じて殺害してしまったのだ――）と考えたとたん、身体中に熱が出て来て、全身汗びっしょりになってしまいました。

王は苦しみに耐えきれず、（いったい誰がこの底知れぬ苦悩と恐怖を取り除いてくれるだろうか。それのおできになる方は、仏陀以外にはおいでにならぬ。しかしこの身は仏陀に対して、余りにも大きな罪を犯している。誰が余を仏陀の御許に連れて行ってくれるだろうか）と考え、名医のジーヴァカがよいと気づくなり、思わずほっとして外を眺めました。そして独り言のようにこう言ったのです。

「何とすばらしい月夜ではないか。このような時には、尊い修行者やバラモンをお尋ね申したいものだ」

これを聞いた廷臣たちのうち、六師外道《ろくしげどう》といわれる、プーラナ・カッサパをはじめとする当時の有名な六人の自由思想家の弟子たちは、自分の師の名前をあげ、彼らの徳を称《たた》えました。しかし王は黙ってそれを聞きながら、釈尊を師と仰ぐジーヴァカが口を開くのを待っていました。けれどもジーヴァカはまた、王の真意が知りたくて、何も言わずにいたのです。たまりかねた王は、

「ジーヴァカよ、そなたは何故そのように黙っているのか」

と自分の方から声をかけました。王の心中を察したジーヴァカは、釈尊の偉大なお徳を述べ、

「王よ、釈尊をお訪ねください」

と答えました。これを聞いたアジャータサットゥ王は、本当に心の底から助かった！　と思いました。掌《てのひら》を合わせたい気持でした。

王はさっそく象の用意をさせ、行列を整え、たいまつを持つ者をともなって王舎城を出ると、千二百五十人の修行僧と共に釈尊がおいでになるという、ジーヴァカのマンゴー林へ向かいました。

ところが近くまで来た時、アジャータサットゥ王は非常な畏怖《いふ》と驚きを覚えました。千二百五十人もの修

行僧がいるというのに、林はひたと静まりかえって物音一つ、咳《せき》一つ聞こえて来ないのです。

やがて象から降りた王は、ジーヴァカに導かれて釈尊の御許にまいりました。清らかな香りに満ちた僧庵の中央の柱のそばに、釈尊は東面して、修行僧たちを前に端然と坐っておいでになりました。修行僧たちはこれまた水を打ったように黙然として坐っていたのです。アジャータサットゥ王は生まれてはじめて、このように厳《おごそ》かな世界を知り、生まれてはじめて、これほどの威相あるお方を拝し、見事に威儀の整ったお弟子方を見たのです。息をのむ思いでした。

王は釈尊に恭《うやうや》しく礼拝し、ついで修行僧方に合掌して片側に坐りました。そして釈尊に質問のお許しを得てから、現世における修行生活の果報についてお尋ねしました。

王はこれまでも、廷臣たちの師でもあるプーラナ・カッサパをはじめとする六人の自由思想家たち一人一人に、この問いを出したのです。しかし善悪の業報を認めない無道徳論者、宿命論的自然論者、快楽論者等々で、誰一人として納得のいく返答をしてくれる人はいなかったのです。しかし、釈尊ならばこれにお答え下さるに違いないと思っていました。王はこの六人の名前をあげ、その人々との問答を述べて、釈尊にお教えを乞いました。

果たして釈尊は、すべてにわたって明確に、順を追って分かり易く、現世における修行生活の果報というものを、掌を指すようにお示し下さったのです。

釈尊はまず、王にとってごく身近なところから説いて行かれました。たとえば、ここに王の身のまわりの雑用をする下僕がいたとして、その男がある日、思うところあって鬚髪《しゅほつ》をそり落とし、袈裟衣《けさころも》を身に着けて出家する。身と言葉と心をおさえ慎んで、最少限度の食べ物と衣服に満足し、彼は世俗を捨てた出家者として道を修めている。これを知った時、王はふたたびその者を下僕として呼びもどし、仕えさせるかどうか

――と尋ねられました。王の返事は「否《いな》」であり、それどころか「出家者に対する礼をもって、すべてをとりはからう」というものでした。これは明らかに現世における修行生活の果報の一つでした。

さらに王に乞われて釈尊は、いよいよ本題に入って行かれました。

「大王よ、さあ、しっかりと聴き、じっくりと考えられるように。大王よ、今、世に如来出現し、初めも善く、中ごろも善く、終りも善く、道理にかない言葉の整った教えを説き、比べるものとてない完全で清浄な、欲望を断ずる修行を教える。この教えを聴き、如来に対する信仰を得、すべてを捨てて出家した者は、完全な戒を受け、戒を守り、正しい行ないに励んで、清浄な身体と言葉による行為を身に具え、清浄な生活を営む。また戒を身に具えて、眼・耳・鼻・舌・身、これら感覚機官の門を守って正しい想いをはっきりと心に止《とど》め、正しい智慧を具えて、満足するのである」

とお説きになり、戒についての詳細なお話、これらの戒を具えた修行僧は恐れを感じず、心に無垢清浄な安楽を感受すると述べられました。そしてつぎには感覚器官の制御、正しい想いと智慧、満足、貪《むさぼ》り・怒り・愚かさ・躁鬱《そううつ》・疑いの五つの煩悩を捨て去ったよろこび、その境地より入る禅定から次第に進んで第四禅に達する過程、神通、四諦《したい》の証得、阿羅漢果《あらかんか》に至るまでを説かれ、それらにこそ現世における修行生活の果報があることを説かれたのです。

アジャータサットゥ王はこのお説法を伺って感動と感謝にたえず、その場で仏・法・僧の三宝に帰依することを誓い、

「終生、三宝に帰依する在俗信者として、お認め下さいますように」

と懇願し、父、法王を殺害した罪を心から懺悔《さんげ》して、将来の自制を誓い、釈尊にお許しを願いました。釈尊がこれをお受けになると、王は全身にまことをこめ、深々と釈尊を礼拝してから、右まわりの礼をとって去

って行きました。

それ以来、王は布施を行ない、戒を守り、釈尊に親しく近付かせて頂いて、たびたび法話を伺うようになりました。こうしてあれほどの恐怖も無くなり、心に安らぎを覚えるようになったのです。そればかりではありません。いつしか行・住・坐・臥、すべてに心の正しさがうかがえる、立派な大王となっていったのです。

ある日のこと、修行僧たちは講堂で、

「友よ、アジャータサットゥ王は父を殺してからというもの、恐怖にかられ、輝かしい王位にありながら苦しみ続けていたが、今では如来の御許に来て如来に親しみ、それによって恐怖も無くなり、王としての楽しみを受けている」

と話していました。そこへおいでになった釈尊は、

「修行僧たちよ、彼は今だけではなく前世においても父を殺したが、私によって安らかに暮らせるようになったのだ」

とおっしゃって、過去のことを話されました。それがつぎの物語です。

㊾　サンキッチャ仙人前生物語

昔、バーラーナシーのブラフマダッタ王に一人の王子が生まれ、ブラフマダッタ・クマーラと名づけられました。その時、司祭の家にも男の子が生まれ、サンキッチャ・クマーラと名づけられました。二人は立場こそ違え、王宮で一緒に成長した、仲の良い親友でもあったのです。

やがて成年に達するとタッカシラーへ行き、あらゆる技芸を身につけて帰って来ました。王は王子に副王

の位を与え、サンキッチャはそのまま副王のもとにいました。

そんなある日、副王は遊園に出て行く父王のすばらしい栄誉ある姿を見て、すっかりうらやましくなりました。そして（父上はまるで私と兄弟のようだ。もし父上が亡くなられるのを待っていたら、私は年を取ってから王位に即《つ》くことになるだろう。そんなになってから王位を得たところで何になろう。いっそのこと父上を殺して王位に即こう）と考え、これをサンキッチャに話しました。すると彼は厳しい表情でこう言いました。

「副王よ、父を殺すということは、罪の重い堕地獄の道です。どうしてそんな恐ろしいことができましょう。それだけは絶対になさってはいけません」

けれども、どんなに反対され、いさめられても、一度胸に燃えあがった欲望の火は、強くなるばかりでした。副王は繰り返しこのことを彼に話しました。しかしサンキッチャは三度まできっぱりと反対して、幼友《おさなとも》達《だち》である副王に、父親殺しの重罪を犯させまいとしました。

そこで副王は、こんどは側近の者たちにこれを相談しました。彼らは自分の栄達と利益をすばやく考え、さっそくこれに同意して、王を殺す相談をひそかにはじめました。

これを知ったサンキッチャは、（自分はこのような人たちと一緒にいることはできない）と、両親にも知らせず、ただ一人表門から出て行きました。彼はそのままヒマラヤに入って出家し、仙人になりました。禅定と神通を修め、草や木の根や実を食べて生活していたのです。

一方、副王は彼が去ってしまうと、父王を殺して王位を得、すばらしい王者の栄光と栄華の中にひたって、満足しきっていました。

そのころ、「サンキッチャは出家して仙人になられたそうだ」ということを聞いて、多くの良家の息子たちは家を離れ、彼のもとで出家し、全員すぐれた瞑想の境地を得るようになっていました。サンキッチャ仙人はこうした大勢の仙人たちに取り囲まれてヒマラヤに住んでいたのです。

さて、国王はそのうち、しだいに父王を殺したことへの罪の恐ろしさに、さいなまれるようになって行きました。堕地獄の恐怖にかられて、心は安まるひまもなく、生きたまま地獄にでもいるような、苦しい毎日を迎えるようになったのです。王冠は今にも頭にめり込んで来るかと思われ、黄金の履き物は針となって足を刺さんばかり、王剣は鞘《さや》から飛び出して自分を襲ってでも来るような、王の栄光の印となるものは、今やすべて自分への責め道具に変わっていたのです。

王は幼友達サンキッチャの、誠実で厳しかったあの時の目と、真剣な口調を思い出さずにはいられませんでした。（彼さえいてくれたなら、こんなことにはならなかったであろうに。そしてこの恐怖も彼ならば取り除いてくれように。いったいどこに住んでいるのであろうか。もしそれが分かったならば、何としてでも迎えよう。誰か彼の居場所を知らせてくれる者はいないものか）と思い、それからというもの、王は宮殿でも王廷でもサンキッチャのことばかりほめ称えていました。

長い年月が過ぎました。サンキッチャ仙人は（王が私のことを思い起こしているということだ。私は行って法を説き、王の恐怖を取り除いて来なければならない）と考え、ヒマラヤに住んで五十年経った時、五百人の仙人を従え、空を飛んで王の持つダーヤパッサ園に降りて行きました。そして仙人たちに囲まれて、平たい石の上に静かに坐りました。

王園の番人はそれがサンキッチャ仙人であることを知ると、「尊者よ、私が王さまをおつれするまで、どうかここにおいで下さい。王さまはあなたに会いたがっていらっしゃるのです」と言ってお辞儀をすると、大急ぎで王にこのことを知らせに行きました。

王は夢かとばかりに喜んで、すぐさまサンキッチャ仙人の所へ来ました。そして手厚くもてなし、片側に坐ると、今こそその時であると、真剣になって尋ねました。

「法を犯した人々は、死後どの道に進むのであろうか。余もまた法を犯した者。この質問に答えてほしい」

サンキッチャ仙人は答えました。

「邪悪な道を行く者も、正しい道を教える人の言葉をしっかりと守るなら、彼に障害は起こらないでしょう。非法を行なう者も、正しい法を教える人の言葉をしっかりと守るなら、彼は地獄などの悪い所には堕ちないでしょう」

サンキッチャ仙人はこのように王を諭《さと》してから、さらに法を説きました。

「法は道です。けれども非法は邪道です。非法は地獄に導きますが、法は天などの善い所に行かせます。王よ、非法を行なって不正に生きる人々が、死後に行きつくその地獄の話をお聞きなさい」

と、各々がさらに十六の小地獄を持つ「八大地獄」の恐ろしい様《さま》を述べ、どのような者が地獄に堕ち、どんな目に遭うかを事細かく説いて行きました。

強欲者、自らを制御し苦行する仙人を侮辱した者、殺生をした者、凶悪犯、知と行を具えた聖者を邪悪な心で見た者、出家を殺した者、非法によって国を亡ぼした王、父を殺した者、母を殺した者など、それぞれが、それぞれの地獄で受ける責め苦のものすさまじさを、目で見、耳で聞き、耐え難い臭気が流れて来でもするように、ありありと、一つ一つ述べて行きます。

たとえば、ある者は黒縄《こくじょう》地獄に堕ちて、銅釜で煮られ、刃で切られて皮をはがれ、目をつぶされてから糞・尿を食べさせられ、灰に投げ入れられる。焼いた長槍で口をいっぱいに開かされて綱で舌を裂かれ、熱されて溶けた鉄丸をまたその口に投げ入れられる。もがく彼を地獄の犬や鳥どもが集まって来て食べ、焼かれた身体を羅刹どもが裂いてまわる——という風に。

こうしてさまざまな地獄の様相を話し終えると、こんどは王に天界を示して言いました。

「この世において善を行なった者は、その善い行ないによって天に生まれます。善行の果報をごらんなさい。帝釈天や梵天の世界を。大王よ、これを申しておきましょう。国の主は法を行ないなさい。死後その善行を悔いのないものとするために、王よ、法を行ないなさい」

王はこのサンキッチャ仙人の法話によって、心からの安らぎを覚えるようになったのです。勇気を得たのです。

サンキッチャ仙人はしばらくそこで過ごしてから、五百人の弟子たちと共に、ふたたび空を飛んでヒマラヤへ帰って行きました。

この時のサンキッチャ仙人は釈尊の、王はアジャータサットゥ王の、五百人の仙人は仏の会衆《えしゅ》の過去世の姿であった——と。

50 ヴィドゥーダバ王子と釈迦族

かつて、十六の悪夢におびえて釈尊のお教えを受けて以来、コーサラ国のパセーナディ王は、釈尊に最高の崇敬と親愛の念を抱き、王宮では修行僧にさまざまな味のよい食べ物を御供養していました。けれども何といってもこういう所では心が入りにくいものです。修行僧たちは食べ物を受けると王宮では食事をせず、それを持って給孤独《ぎっこどく》長者や慈母のようなヴィサーカー、そのほか親しみ深い人々の所へ行って食べていたのです。これに気づいた王は、釈尊の御許へまいって伺いました。

「世尊よ、食べ物については、何が一番すぐれているのでございましょうか」

「大王よ、親愛の情が一番すぐれています。たとえすっぱい粥《かゆ》のようなものでも、親愛をこめて布施をされるとおいしいものです」

「世尊よ、では修行僧がたは、どんな人と親しいのでしょうか」

「親族とか、釈迦族の者とかです。大王よ」

これを聞いたパセーナディ王は（釈迦族の娘をもらって第一王妃にしよう。そうすれば修行僧がたとも親族のように親しくなれるだろう）と考えました。

王は王宮に帰ると、釈迦国の都カピラワッツに、使者を送って伝えさせました。

「娘を一人私に頂きたい。私はあなたがたと親族になることを望んでいる」

これを受けた釈迦国では、貴族たちが一堂に集まって相談をはじめました。この国は貴族による共和制をとっていました。そして釈迦国はコーサラ国の属国でもありました。ところがこの釈迦族は小国ながら勇武のほまれ高く、血統を尊び、古くからの由緒正しい家系を誇る、非常に自尊心の強い人たちだったのです。一方、コーサラは力ある大国とはいえ新興国です。一同はこの申し込みに困っていました。もしこの要求を受け入れなければ大変なことになるだろうし、王族の娘を与えれば釈迦族の族統がくずれるからです。

するとこの時、その中の一人マハーナーマが口を切りました。

「心配することはありません。私には下女に産ませたヴァーサバカッティヤーという娘があります。年は十六で、この上もなく美しく、それこそ光り輝いて見えます。父方から言えば、まさに民を支配する王族、武士の階級クシャトリヤの生まれということになります。この者をクシャトリヤの娘として、コーサラ王のもとに行かせましょう」

一同はこれに賛成し、話は決まってコーサラ王からの使者を呼ばせ、

「仰せの通り娘を差し上げます。どうかすぐにでもお連れ帰り下さい」

と言いました。しかし使者たちは、釈迦族の並はずれた、生まれに対する自尊心を知っているだけに、

「頂いては帰りますが、あなたがたとご一緒に、席を同じくして食事をなさるかたを頂いてまいります」

と言ったのです。またもや困った釈迦族の人々は再び相談をしましたが、こんどもマハーナーマが策を出しました。それは自分とかの娘が、いかにも血統正しい父娘が一緒に同じ皿から食べ物を取って口に入れているように、巧みに食事の順序とその間に入れる用件とを組み合わせて進行させる、というものでした。

使者たちには遂にそれが見抜けず、彼女を国に連れて帰りました。マハーナーマは大勢の供をつけて、娘を送り出しました。

使者たちは「この乙女は生まれの正しい、マハーナーマの姫君でございます」と言いましたから、パセーナディ王は喜んで都中を飾らせ、財宝を山と積んだ上に彼女を立たせて、第一王妃の位に即けました。

彼女は王にことのほか愛され、間もなく懐妊して、やがて金色に輝く王子を生みました。これがヴィドゥーダバ（瑠璃《ルリ》）王子です。王子は大切にされ、尊敬を受けて成長しました。

七歳になった時、ほかの王子たちには母方の祖父の家から、象や馬のおもちゃが届くのに、ヴィドゥーダバ王子には何も来ないのに気がつき、その訳を母に訊くと、王妃は、釈迦国が遠いからだと言って、その場をつくろいました。

ところがヴィドゥーダバ王子は十六歳になると、こんどは「お祖父さまに会いたいのです」と言って何としても聞かず、父王に話して王子にふさわしいだけの従者を従え、釈迦国へ向かって出発したのです。

王妃は先に手紙を送ってこのことを知らせ、どんな秘密をももらさないように頼んでおきました。釈迦族

の人々はこれを知ると、彼に頭を下げる訳にはいかないというので、頭を下げなければならない、彼より年下の子供たちを全員、田舎へ行かせました。

ヴィドゥーダバ王子がカピラワッツに着いた時、釈迦族の人々は集会場に集まっていました。王子がそこに入って立っていると、「こちらがお祖父さまで、こちらが叔父さまだ」という具合で、彼は背中が痛くなるほど次々に、お辞儀をしてまわらなければなりませんでした。それでいて誰一人、お辞儀を返す者がいません。それを訊くと、「あなたより年下の子供たちは田舎へ行っているのです」とあっさり答え、もてなしだけは盛大にしたのでした。

王子は数日泊まってから、大勢の従者と共にそこを発ちました。その姿が見えなくなると、一人の下女が、王子の坐っていた木の椅子を、「これがヴァーサバカッティヤー下女の息子が坐った椅子だ」と悪しざまに言いながら、牛乳と水とで洗い流していました。そこへ武器を忘れた一人の従者が、それを取りにもどって来てこれを聞き、その秘密を尋ねて、すべてを知りました。この話はたちまち従者の間に拡がって、大騒ぎになってしまいました。

王子はそれを知ると、(私の坐った椅子を牛乳と水とで洗った釈迦族の奴らめ、私が王位に即いたその時には、こんどは奴らの喉笛《のどぶえ》をかき切ったその血で、私の坐った椅子を洗ってみせる――)と、心に深く思いを凝らしたのです。

ヴィドゥーダバ王子が舎衛城に帰って来ると、家臣から報告を受けたパセーナディ王は、下女の娘を自分によこした釈迦族への激しい怒りから、王妃と王子をいきなりその地位から落としてしまいました。

それから数日して釈尊がお弟子がたと共に王宮に来られました。釈尊が設けの座に着かれると、王は御挨拶をして申し上げました。

「世尊よ、あなたさまの御親族は、私に下女の娘ヴァーサバカッティヤーをよこしました。それが分かりましたので、私はその女と息子から、王族としての身分と待遇を取り上げたのでございます」

これをお聞きになった釈尊は、

「大王よ、釈迦族の者のしたことはたしかに道理にはずれています。しかし大王よ、ヴァーサバカッティヤーは王族の娘であり、クシャトリヤである王の宮殿で王妃の位に即いたのです。ヴィドゥーダバ王子もまた、クシャトリヤである王を父として生まれたのです。その王子がなぜ、父の王国の主となるべき立場を失わなければならないのですか」

とおっしゃいました。パセーナディ王は折が折だけに、ぜひともそのことを明らかにして頂きたいとお願いしました。そこで釈尊はご自分の過去世の話「薪取りの女前生物語」を話してお聞かせになったのです。

――昔、バーラーナシーの都でブラフマダッタ王が遊園に出かけた時のこと、遊園の森の中で小鳥のように歌を歌いながら薪を拾っている、一人の女の人がいました。

王はその可憐《かれん》さに心をひかれ、愛情を覚えて同宿しました。と、たちまちお腹がダイヤモンドで満たされたように重くなりました。

女の人は妊娠したことを知って王にそれを告げました。すると王は指輪を与え、「女の子ならばこれを売って養うように。男の子ならば指輪を持って、余のもとにその子供を連れて来なさい」と言って立ち去って行きました。

やがて男の子が生まれました。子供は次第に大きくなって、自分が「父無し子」と言われているのを知ると、「ぼくのお父さんは誰なの」と聞くようになりました。こうして母子は王の宮殿へ行くことになったのです。

ところが、いざとなると沢山の人々の前で、王は恥ずかしさのあまり、分かっていながら指輪も子供も認めることができません。そこで母親は、「王さま、今はもう〈真実の誓い〉のほかに私の証拠はありません。この子が王さまによって生まれたものならば、虚空に立つでしょう。もしそうでなければ、地に落ちて死ぬでしょう」と言うなり、子供の両足を持って空中に投げ上げました。すると子供は空中で両足を組み合わせて坐り、えもいわれぬ美しい声で、父王に詩で教えを説いたのです。

〝大王よ、私はあなたの子です／人々の王よ、あなたは私を養いなさい／王は他の者をさえ養うものを／まして自分の子を養うのは当然のことです〟

これを聞いた王は、思わず手を伸ばして言いました。「さあ、おいで。余が養うぞ」と。まわりの人々も千本もの手を差し出しました。けれども子供はすっと父王の手に降りて来て膝の上に坐ったのです。

かくして王は彼に副王の位を与え、その母親をお妃にしたのです。彼は父王が死ぬと、カッタヴァーハナ（薪運び）という名の王となり、正義によって国を治め、業報に従って生まれかわって行きました。この時のカッタヴァーハナ王こそ、釈尊の過去世でのお姿だったのです。

この物語を聞いて納得したパセーナディ王は、その場でヴィドゥーダバ王子とその母に元通りの名誉と地位を与えました。

しかし王子の心は当然ながらずたずたでした。どこまでも迷路のように複雑で、闇そのものだったのです。後年、王位を得てヴィドゥーダバ王となった王子は、大軍を率《ひき》いて釈迦族を攻め、赤子に至るまでことごとくを虐殺、彼らの喉笛の血で、あの恥辱を受けた木の椅子を洗い、積年の恨みを晴らしたのでした。けれどもその直後、不慮の災害に襲われて、群臣ともども亡び去ったと伝えられています。

51 コーサラ国王、釈尊を訪う

コーサラ国王パセーナディィの最期もまた悲劇的でした。それは釈尊が釈迦国のウルンパという町の近くにおいでになった時のことです。

ある日、パセーナディィ王が車を走らせてこの地にまいりました。よる年波《としなみ》にかてて加えて心労の多かった王は、何としてでも釈尊にお目にかかりたかったのです。

王は車を降りると軍隊をそこに控えさせ、将軍とわずかな従者だけを連れて、釈尊のおいでになる園林に入って行きました。そこでは修行僧たちが、坐禅の足の疲れを休めるために静かに歩いていました。王はその修行僧たちに近づいて尋ねました。

「世尊はどちらにおいでになりましょうか。お目にかかりたくてまいったのです」

「大王よ、かの精舎の門は閉ざされています。静かに行ってゆっくりと玄関に入り、咳《せき》ばらいをして門《かんぬき》をたたきなさい。世尊はあなたのために、門をお開きになるでしょう」

これを聞いたパセーナディィ王は、宝剣や王冠など王の五つのしるしを将軍に渡しました。将軍は王が独りで釈尊の御許にまいろうとしていることを知ったのです。

パセーナディィ王は門を閉ざした精舎に静かに近づくと、ゆっくりと玄関に入り、慎み深く咳ばらいをしてから、そっと門をたたきました。釈尊は門をお開きになりました。その尊いお姿を拝した瞬間、王は初めてお教えを受けた時からの長い年月を、一度にどっと思い出したのです。それは何とも言いようのない気持でした。王は万感をこめ、崇敬の限り、親愛の限りを全身にみなぎらせておみ足を頂き、じっと礼拝をしていたのです。

釈尊はお尋ねになりました。

「大王よ、あなたはどうしてそれほどまでの崇敬と親愛を、この身に示されるのか」

「世尊よ、それは《世尊は至上のさとりを得られた仏であられる、世尊によって法はよく説かれた、世尊のお弟子である修行僧の集まりはよく仏道を修行しておられる》と常常尊び、感動しているからでございます。

ある修行者やバラモンは一定の年数さとりに到る修行をしても、後には世俗の欲望に耽溺《たんでき》します。ところが修行僧がたは終生、円満で清浄なさとりに到る実践行を続けられます。これは他では見られません。

次に、人々はそれぞれの立場で互いに争い合って止みませんが、修行僧がたは常に和合し、共に喜び、争うことなく、互いに敬愛し合って生活しておられます。私はこのような和合衆を他に知りません。

次に、ある修行者やバラモンはやせ衰え、醜悪で、肌は黄色くなり血管は浮き出して、見るに耐えません。ところが修行僧がたは喜びに満ち、楽し気で、心身ともに満ち足りておいでです。求めることなく平静で安らかであり、柔和な心で生活しておられます。これは世尊のお教えによって、最上絶妙のものを知られたからだと思います。

次に、王の法廷に於てさえ、人々は勝手な話を止めません。ところが世尊が法を説いておいでになる時、修行僧がたは咳一つなさいません。数百の会衆がいても、水を打ったようです。これほどの会衆は他にありません。

次に、クシャトリヤの賢者の中で、対手を論破するのを事としていた人たちが、世尊の法話によって導かれ励まされ喜ばされて、質問も反駁《はんばく》もせず、世尊のお弟子になってしまいました。

次に、やはり同じようであったバラモンや資産者の賢者たちが、世尊の法話を伺うに及んで、こんどは世尊の御許で出家し、精励して、遂には阿羅漢《あらかん》のさとりにまで達してしまったのです。

次に、私の召使いである二人の工匠《こうしょう》は、私によって生活を保証され、名声を得たにもかかわらず、世尊に対するような崇敬を私には持っておりません。この二人は旅先で夜中のほとんどを法話で過ごし、その後は世尊のおいでになる方向に頭を向けて寝ております。二人は世尊のお教えによって、この上もなくすぐれたものを知ったのでございます。

そして次に、また世尊よ、世尊もクシャトリヤ、私もまたクシャトリヤ、世尊もコーサラ人、私もまたコーサラ人、世尊も八十歳、私もまた八十歳ならば、世尊よ、私が世尊に最高の崇敬を捧げ、親愛をお示し申して、何のふしぎがございましょうか」

こうして王は仏を称え、法を称え、お弟子である修行僧の集いを称えて座から立ち、釈尊に敬礼をして去って行ったのです。これが釈尊とコーサラ王パセーナディの今生の別れになったのでした。

王が精舎から出て来た時、そこには将軍の姿も従者の姿もなく、軍隊さえ居なくなっていました。王に残されていたのは一頭の馬と一人の侍女だけだったのです。これは将軍の王に対する敵討《あだう》ちでした。彼の叔父は讒言《ざんげん》によって息子たちと共に殺されたのです。

後になって事の真相を知った王は、以来、後悔の念に苦しみ続け、出来うる限りの償《つぐな》いを遺族たちにもして来ました。甥である彼を将軍にしたのもその一つでした。けれども彼は恨みを捨てず、王の五つのしるしを預かると軍隊を率い、当時まだ王子であったヴィドゥーダバのもとへ急いだのです。

侍女からこれを聞いたパセーナディ王は、甥であり婿でもあるアジャータサットゥ王の所へ行こうと王舎城へ向かいました。けれども着いた時にはもう城門が閉まっていました。

王はある建物の中で横になっていましたが、風と暑さのためにその夜のうちに亡くなってしまったのです。夜が明けて、侍女の泣き悲しむ声を聞きつけた人々が、これをアジャータサットゥ王に知らせました。王は非常な供養を行なって盛大なお弔《とむら》いをし、コーサラ前大王の最期を飾ったのでした。

52 七つの不衰法

釈尊が王舎城の霊鷲山《りょうじゅせん》においでになった時のことです。当時インド最大の強国であったマガダのアジャータサットゥ王は、さらに国土を拡げ、それによる莫大な富をも得て、いやが上にも力を得ようと、北隣りのヴァッジー国を攻め取ることを考えていました。ヴァッジーは十六大国の一つに数えられ、貴族による共和制をとる商工業の盛んな国で、大いに繁栄し、並々ならぬ勢力を持っていました。

そこでアジャータサットゥ王は、まず大臣ヴァッサカーラを釈尊の御許に遣わして、自分が何としてでもヴァッジーを征服し滅ぼそうとしていることを話させ、それに対する釈尊のお言葉を伺わせようとしました。如来であられる釈尊は、真実しか仰せにならないからです。

王命を受けたヴァッサカーラは、釈尊の御許にまいって、アジャータサットゥ王の言葉として釈尊への御挨拶を述べた後、本題に入りました。

その時、侍者のアーナンダ尊者は釈尊の後ろに立って、静かに尊師を扇《あお》いでいましたが、釈尊はそのアーナンダ尊者に次の七つのことをお尋ねになりました。

㈠ヴァッジーの人たちはしばしば会議を開き、そこには多くの人々が集まる、ということを聞いているか。

㈡ヴァッジーの人々が協同して集合し、行動し、ヴァッジー族として為《な》すべきことを為す、ということを聞いているか。

㈢まだ定められていないことを定めず、すでに定められたことを破らず、昔定められたヴァッジー人の旧来の法に従って行動しようとする、ということを聞いているか。

㈣古老を敬《うやま》い、尊んで仕え、彼らの言は聴くべきであると思っている、ということを聞いているか。

㈤良家の婦女・童女を暴力で連れ出し、同棲することをしない、ということを聞いているか。

㈥ヴァッジー人の霊域を尊び、祖先を敬い、神々を崇《あが》めて、従前からの法に適った供物を続けている、ということを聞いているか。

㈦尊敬されるべき修行者たちに、正当な保護と供養をし、まだ来ないそうした人々が、自分たちの領土に来るように、またすでに来ているそうした人々が、領土の中で安らかに住むように願っている、ということを聞いているか。

アーナンダ尊者がその一つ一つに対して、「世尊、聞いております」とお答えするたびに釈尊は、

「そのようにしている間は、ヴァッジーは繁栄し衰亡はしないであろう」

と仰せになって、次いでヴァッサカーラにおっしゃいました。

「かつて私がヴァッジーの都ヴェーサーリーのサーランダダ霊域に住んでいた時、私はヴァッジーの人々にこの七つの不衰法を説いた。この七つが人々の間に存し、これがしっかりと守られている限り、ヴァッジーは繁栄し衰亡はないであろう」

このお言葉でヴァッサカーラは、とうていこの戦いには勝ち目のないことを知り、王の許へ帰って行きました。

釈尊はヴァッサカーラが去った後、アーナンダ尊者に王舎城の近くに住む修行僧たちをすべて集めさせら

れました。そしてヴァッジー国の七つの不衰法にちなんで、修行僧たちに仏教教団の七不衰法をお教えになったのです。すなわち、

㈠修行僧たちがしばしば会議を開き、会議に多くの人が参集すること。

㈡協同して集合し、行動し、教団のなすべきことをすること。

㈢まだ定められていないことを定めず、すでに定められたことを破らず、すでに定められた通りの戒律を保って実践すること。

㈣経験ゆたかな、出家して久しい長老たち、教団の師、教団の指導者を崇敬し、尊んで仕え、彼らの言は聴くべきであると思うこと。

㈤後の迷いの生《しょう》をひき起こす愛執を起こさず、これに支配されないこと。

㈥林間の住所に住むのを望むこと。

㈦自らの心を安定し、良き修行僧が来るように、またすでに来た良き修行僧が快く生活できるようにと願うこと。


を挙げられ、「この七つの不衰法が修行僧たちのうちに保たれ、守られている間は、修行僧たちに繁栄は期待され、衰亡は無いであろう」と説かれました。

また釈尊はこの霊鷲山で、修行僧たちに数多くの法話をなさいました。たとえば、仏道修行者にとって最も大切な戒定慧《かいじょうえ》の三学についてこのように説いておられます。

「非を防ぎ、悪を止めるのが〈戒〉である。思慮分別する意識を静めるのが〈定〉である。惑いを破り、真実を証するのが〈慧〉である。戒と共に修せられた定は、その果報、功徳ともに大きいものである。定と共に修せられた慧は、その果報、功徳ともに大きい。慧と共に修せられた心は、欲望の汚れ、生存

の汚れ、見方やとらえ方の汚れ、真実を見失った無知の汚れから、全く解脱する」

この教えは後にも折にふれて説かれていますが、釈尊の静かで奥深く妙なるお声は、聴聞する一人一人の胸底に、消えることの無い確かな響きを残していたに違いありません。

第七編　釈尊の晩年

53 最後の旅へ

　こうして釈尊は、やがて王舎城を後にされ、いよいよ最後の旅に出られたのです。仏教教団の重鎮であり双璧でもあった二大弟子、舎利弗《しゃりほつ》と目連の二長老はすでにこの世を去っていました。今や八十歳に達しておられた釈尊は、御自分の死期を予知しておいでになったのでしょうか――。心優しく誠実な侍者、従弟《いとこ》のアーナンダ尊者に、こうおっしゃいました。

「さあ、アーナンダよ、アンバラッティカーの園に行こう」

　アンバラッティカーの園は、王舎城の北にある美しい林園で、そこにはマガダ王の小さな別荘がありました。釈尊はアーナンダ尊者をはじめ、釈尊につき従う修行僧たちの一行と共に、そこで一夜を過ごされました。ここでも釈尊は修行僧たちに数々の法話をされ、次いでナーランダーへ、さらにパータリ村へと北上して行かれました。

　パータリ村では在俗信者たちが、「世尊がパータリ村にお着きになったそうだ」というので、一同大喜びで釈尊の御許にまいりました。みんな、まるで久しぶりに懐かしい父親に会う子供のように、ある者は目をうるませ、ある者はうれしさに相好をくずして、釈尊の光輪に包まれておいでになる尊いお姿を、慕わし気に見ほれるように仰ぎ見ていたのです。そして異口同音に申しました。

「世尊よ、どうか私たちの、客人をお泊めする〈休息所〉でお休み下さいますように」

釈尊は沈黙によって承諾を示されました。一同は顔を輝かせて座を立つと、釈尊を礼拝し、右まわりの礼をとってその場から退がり、「休息所」に行って丹念に敷物を拡げ、席を設け、水瓶を置き、歓迎を表わす油の燈火を立て、いそいそと釈尊に用意万端とののったことをお知らせして、「どうか、およろしい時に」と申し上げました。

釈尊は内衣《ないえ》を着けられ、上衣《じょうえ》と鉢を持って修行僧たちと共に「休息所」へ行かれ、両足を洗って中へお入りになりました。修行僧たちもそれに続き、在俗信者たちもまた、同じように両足を洗って中へ入り、所定の位置に整然と坐りました。

釈尊はそこで在俗信者たちに法を説いてお聞かせになりました。それは在俗信者が守るべき五つの戒め、㈠生きものを殺さないこと。㈡盗みをしないこと。㈢男女の間を乱さないこと。㈣嘘をつかないこと。㈤酒を飲まないこと）を犯したために、行ないの悪い人に起こる五つの禍《わざわい》と、戒めを保っている品性ある人が受ける五つのすぐれた利益についてのお教えでした。その五つの禍とは、

㈠放逸であるために、大いに財産を失うに至ること。

㈡悪い評判が拡まること。

㈢どのような集まりの中に入っても、たとえば王族や武士の集まり、バラモンの集まり、資産者の集まり、修行者の集まり、そのいずれに入っても、不安を覚えてひるんでしまうこと。

㈣死ぬ時に精神が錯乱していること。

㈤死んだ後に、悪い所、苦しい所、地獄に生まれること。

であり、五つのすぐれた利益とは、
㈠不放逸であるために、財産が大いに豊かになること。
㈡良い評判が拡まること。
㈢どのような集まりの中に入っても、たとえば王族や武士の集まり、バラモンの集まり、資産者の集まり、修行者の集まり、そのいずれに入っても、心は安らかで落ちついており、ひるむことがないこと。
㈣死ぬ時に精神が錯乱するということがないこと。
㈤死んだ後に、善い所、天の世界に生まれること。

でありました。釈尊は熱心に耳を傾けて聴いているパータリ村の在俗信者たちに、夜がふけるまで法話をなさって、教え励まし、心の底からのよろこびを抱かせて、お話を終わられたのです。

人々は座から立つと、それぞれ心身ともに清められ、改めて善き人間として生きて行く力を得た、はればれとした表情で釈尊を礼拝し、右まわりの礼をとって帰って行ったのでした。

そのころ、マガダ国の大臣スニーダとヴァッサカーラは、ここに都市を造るというので、まず城郭を築きはじめていました。名目はヴァッジーからの侵入を防ぐためにということでしたが、もちろんそれだけではありません。すでに名実ともにますます国力を増大し、発展の一途をたどっていたマガダ国にとって、ガンジス河に面し、水陸の交通にすこぶる便利で、しかも首都の王舎城に近いパータリ村は、時を見てヴァッジーを征服するためにも、また将来、インドの諸方を支配するためにも、理想的な拠点となる場所だったからです。果たしてこの地は後に、アジャータサットゥ王の子、ウダーイバッダ王によって新しい首都となり、パータリプッタ（華氏城《けしじょう》）として、その後も長くインド最大の首都として栄えました。

ところで釈尊は、こうしたことをも、清らかで超人的な天眼《てんげん》をもって、その地で数多くの神々が動いているのを御覧になって、すでに察知しておられました。釈尊は翌朝早くアーナンダ尊者に「アーナンダよ、パータリ村に城郭を築いているのは誰か」とお尋ねになり、前記のことを聞かれると、「この村は将来、首都となり、物資の集散地となって栄えるであろう。しかし三つの危難があろう。それは火と水と内部の不和によるものである」と予言をされたのでした。

さて、二人の大臣スニーダとヴァッサカーラは、釈尊をはじめとする修行僧がたに食事の御供養を申し出て、味の良い、吟味したごちそうを用意し、手ずから差し上げて十分に召し上がって頂きました。釈尊は都市の造営にはその都市を守る神の助けが必要であり、その神の加護を受ける人は常に幸運を見る、という温かいお言葉を二人の大臣に遺して座を立たれました。

スニーダとヴァッサカーラは別れを惜しみ、パータリ村を去って行かれる釈尊に、しばらくつき従って行きました。そして釈尊が村をお出ましになった門は「ゴータマ門」、次いでガンジス河を渡られた場所は「ゴータマ渡し」と名づけられました。まさに旭日の勢いにある大マガダの二人の大臣たちが、まるで青年のような一途さで胸いっぱいの崇敬を、お年を召しながら、なおも法を説いて遊行《ゆぎょう》の旅を続けられる仏陀釈尊に、せめてもの思いでこのようにして捧げたのです。

その時、広いガンジス河には水が満ちていました。人々は舟や大小のいかだを求めたり作ったりしていましたが、釈尊はお弟子がたともども、一瞬のうちに神通力で、こちらの岸から向こうの岸に渡ってしまわれた、と伝えられています。

54 遊女アンバパーリー

いよいよガンジス河を渡って、マガダ国からヴァッジー国に入られた釈尊は、まずコーティ村に、次いでナーディカ村の「煉瓦堂《れんが》」に、それぞれお心のままに滞在され、修行僧たちに数多くの法を説かれました。こうしてやがて釈尊の一行はヴァッジーの首都、ヴェーサーリーの郊外にあるアンバパーリーの園林に入られました。

アンバパーリーはヴァッジーきっての、否、全インドきってのともいうべき才色兼備、歌舞音曲《かぶおんぎょく》に秀でた抜群の遊女でした。容姿の美しさ、たおやかな身のこなし、甘美なその声は人々の心を魅了し、一夜に五十金を受け、富裕で大邸宅に住み、社会的地位も高く、商業都市ヴェーサーリーはこの人によって繁栄の度を増しているとまで言われていたのです。

こうした立場にあって、しかも聡明な心を持っていたアンバパーリーは、早くから釈尊に帰依していました。彼女は釈尊が自分の園林に来られたことを知ると、急いで美しい乗物に乗り、釈尊の御許にまいりました。

釈尊を拝して、片側に慎ましく坐ったアンバパーリーに、釈尊は法話をされます。これを伺って教えられ諭《さと》され励まされた彼女は心から喜んで、翌日の釈尊をはじめとする修行僧がたのお食事を、ぜひとも自分の家で御供養させて頂きたいと願いました。釈尊は沈黙をもってこれをお許しになりました。

彼女は天にも昇る心地で座から立ち、釈尊を礼拝して右まわりの礼をとり、退《さが》って行きました。

ところが、釈尊がアンバパーリーの園林においでになることを知ったヴェーサーリーの名門貴族、リッチャヴィーの若者たちは、さっそく美しい乗物を連ねて都から出て来たのです。豪華で派手で美々しいリッチャヴィーの若者たちが乗っている車と、アンバパーリーの車とが途中ですれ違いざまに衝突しかけ、そこで若者たちは、彼女の明日の御供養を知ったのです。

彼らは「十万金を出すから、その御供養を自分たちに譲ってくれ」と言いました。しかし彼女は一歩も引かず、「たとえヴェーサーリーの都とその領土とを下さろうとも、この大なる御供養を譲ることはできません」と言いきったのです。若者たちは口惜《くや》しがって、指をパチッと弾きました。

釈尊の御許にまいったリッチャヴィーの若者たちは、恭しく礼拝をして片側に坐りました。釈尊は彼らにふさわしい法話をなさって、彼らを教え諭し励まし喜ばせられます。彼らは釈尊をはじめとする修行僧がたに、明日のお食事を御供養したいと申し出ました。けれども釈尊は、「私はすでに遊女アンバパーリーから食事を受けることを約束しました」と仰せになりました。

あきらめた若者たちは、釈尊から得難い御法話を聞かせて頂いたことを素直に喜んで、釈尊を礼拝し、右まわりの礼をとって帰って行ったのでした。

翌日アンバパーリーは自宅に釈尊をはじめとする修行僧がたをお迎えし、心して整えたさまざまなお料理を手ずからお給仕して、存分に召し上がって頂いたのです。

やがて釈尊が食事を終えられ、鉢と手を洗われると、彼女は低い座を取って片側に坐り、

「世尊よ、私はこの園林を、仏をはじめとする修行僧の集いに奉献《ほうけん》いたします」

と申し上げました。釈尊はそれをお受けになり、法話をされて彼女を教え諭し励まし、この上ない喜びを与えてから、座を立って去って行かれました。

後、一世の遊女アンバパーリーは、出家して尼僧となりました。その偈《げ》は今も『長老尼偈経』の中に残されています。

55 自帰依・法帰依

アンバパーリーの献じた園林にしばらく滞在された後、釈尊とお弟子がたの一行は、次いでヴェーサーリーに近いヴェールヴァ村に向かわれました。

この時インド特有の雨期が近づいていました。インドでは三ヵ月続く雨期の間、修行者たちは外に出ることを控えます。それは知らずに草や虫などを踏み殺すことをさけるためでした。仏教の修行僧たちもその期間は雨安居《うあんご》といって、僧院など一定の揚所に留まって、そこで修行に専心していたのです。したがってこの雨安居に入るためには、当然のことながらその土地の食糧事情を考えに入れておかなければなりません。そこで釈尊は一行の修行僧たちに、それぞれヴェーサーリーの近くで、友人や知人、親友を頼って雨安居に入るようにとおっしゃいました。

一同は言われた通りに分散し、釈尊もアーナンダ尊者とともに、ヴェールヴァ村で最後の雨安居に入られたのですが、この時釈尊は、激しい痛みをともなう重い病にかかられたのです。それは将《まさ》に死を思わせるものでした。けれどもそうした中で、釈尊は考えられたのです。

(このまま、侍者をはじめ、修行僧や尼僧、在俗信者や信女たちに別れを告げず入滅するのは、私にふさわしくない。私は今、この病苦に耐えて、寿命を延ばさなければならない)

こう心に決められた釈尊は、静かに禅定に入って激しい痛みに耐え抜かれ、仏陀ならではのお力によって、遂にこの重い病を抑え切ってしまわれたのです。

回復され、元気を取りもどされた釈尊のお姿を見たアーナンダ尊者のよろこびは、たとえようもないものでした。釈尊はさっそく外に出ておいでになり、建物の蔭に設けられた座にゆったりとお坐りになりました。アーナンダ尊者は救われたような表情で、美しい目をいっぱいに見開き、じっと釈尊を仰ぐと深々と礼拝をし、やがて片側に坐って申し上げました。

「世尊、世尊が激しい病苦に耐えておいでになりました間、私はまるで生きた心地もなく、四方の方角も分からなければ、もろもろの教えすら明らかではありませんでした。けれども今は、（世尊は修行僧たちに何かをお教えにならないうちは、入滅されることはないであろう）と存じて、少し心が安らかになりました」

これをお聞きになった釈尊は、

「それではアーナンダよ、修行僧たちは私に何を期待し求めているのか。私は法についてのすべてを、内外の区別なく残らず説いて来た。真理の体現者である如来の教えには、弟子に何かを惜しんで隠すというような『教師の握りこぶし』は無い。また『私は修行僧たちを導こう』とか『修行僧たちは私に頼っている』というような考えも持ってはいない。それ故に、特に改めて修行僧たちに対して語ることは何も無い。

アーナンダよ、私はすでに八十歳という高齢に達し、この身は老い衰えている。それはちょうどガタガタになった古い車が、革ひもの助けを借りてやっと動いて行く、それとまったく同じなのだ。

だからアーナンダよ、自らを洲《しま》とし、自らをより所として、他人をより所とせず、法を洲とし、法をより所として、他のものをより所とせずに生きよ。実に今も、また私が死んだ後においても、自らを洲とし、自らをより所として、他をより所とせず、法を洲とし、法をより所として、他をより所とせずに修行しようとする人々がいるならば、彼らはわが修行僧として最高の境地にあるであろう」

と仰せになったのです。この教えは「自らを燈火とし、法を燈火とせよ」とも訳され、「自帰依・法帰依」または「自燈明・法燈明」と称されてともどもに用いられ、二千五百年経った今も、この日本で大切な言葉として生き続けていることは、どなたもがご承知の通りです。これはあくまでも現実的であり、人間を中心とした教え、実践を重んじ、常に一人一人の体験によって、各自が獲得し、肚《はら》の底から納得した法、それは普遍的な法ともおのずから通じ、そこから智慧というものが得られる、その目覚めの宗教ともいうべき釈尊の教えが、端的に示されているお言葉でした。

次の二句は『法句経《ほっくきょう》』の中のものですが、このことがより身近に、分かりやすく述べられているように思われます。

〝自ら悪を作《な》すならば（人は）自ら汚れ、自ら悪を作さぬならば（人は）自ら清まって行く。浄、不浄は各自のものであり、人が他の人を浄めるのではない〟（165）

〝そなたたちによって行ないつとめられるべきものである。もろもろの如来は（法を）説きたもうのみ。道を進む禅定者は魔の縛《ばく》を離れる〟（276）

56　その時、アーナンダ尊者は——

こうして雨期も終り、病癒えられた釈尊は、ふたたび早朝に内衣を着け衣鉢を持って、ヴェーサーリーの町へ托鉢に入って行かれました。大病の後、お年を召された釈尊が、威儀を正して托鉢に歩かれる尊いお姿は、何故か私に、五十一年前、御出家直後のまだ菩薩であられた二十九歳の釈尊が、すべてを捨て三衣一鉢、生まれてはじめて王舎城の町を戸毎に托鉢してまわられたその時を思い起こさせて、感無量にさせるのです。

この希有《けう》な魂の高貴さ、清冽さ、「捨」の精神に徹し切った真の智慧こそが、全宇宙を救うのではないでしょうか。

さて、托鉢からもどって食事を終えられた釈尊は、アーナンダ尊者におっしゃいました。

「アーナンダよ、敷物を持って行きなさい。昼間の休息を取るために、チャーパーラ廟《びょう》に行こう」

「かしこまりました。世尊」

アーナンダ尊者は敷物を持って釈尊の後に従いました。ヴェーサーリーの町の周囲には、この廟のほかにも幾つかのよい廟所があったようです。設けの座に坐られた釈尊は、拝をして片側に坐ったアーナンダ尊者に、こう仰せになりました。

「アーナンダよ、ヴェーサーリーは楽しい。ウデーナ廟は楽しい。ゴータマカ廟は楽しい。サッタンバカ廟は楽しい。バフプッタ廟は楽しい。サーランダダ廟は楽しい。チャーパーラ廟は楽しい。

アーナンダよ、どのような人であろうとも、さとりを得る修行法として、㈠すぐれた瞑想を得ようと願うこと（欲神足）、㈡すぐれた瞑想を得ようと努力すること（勤《ごん》神足）、㈢心をおさめてすぐれた瞑想を得ようとすること（心神足）、㈣智慧をもって思惟《しゆい》観察してすぐれた瞑想を得ること（観神足）、この四神足を修し、繰り返し修し、軛《くびき》を結びつけられた車のように修し、家の礎《いしずえ》のように修し、しっかりとして実行し、十分に積み、確かに修し切った者は、もし望むならば、一劫《こう》あるいは一劫以上、この世に留まることができるであろう。

アーナンダよ、全《まった》き修行を完成した人である如来は、四神足という、この不可思議にして、はかりがたい、超人的な能力を具《そな》えている。

アーナンダよ、如来はもし望むならば、一劫というきわめて長い間でも、寿命を延ばしてこの世に留まることができるであろう」

このように釈尊が、すぐにもその意とされるところを汲み取れるように、如来の寿命というものについて明らかに示され、それによって尊者のなすべきことを、暗にとはいえ、これほどまでにはっきりと教えておいでになるにもかかわらず、何と、アーナンダ尊者はまるでそれに気がつかなかったのです。平生あれほど聡明で心がよく働き、後々まで多聞《たもん》第一とうたわれ、釈尊のためならば命も惜しまなかったアーナンダ尊者が、まるでぼうっとしていて、この釈尊の御寿命にかかわる大切なお話の持つ意味合いを、洞察することができなかったのでした。そのため、本来ならばすぐにも、「世尊、どうか一劫の間、この世にお留まり下さい。仏世尊は一劫の間、この世にお留まり下さい。神々と人々との利益のため、幸福のために」と懇願したはずですのに、それをまったくしなかったのです。

釈尊は、二度、そして三度、同じ言葉を同じように繰り返されました。それでもまだアーナンダ尊者は、心をふさがれた人のように坐ったまま、一言も懇願をしなかったのです。これはその間《かん》、魔に取りつかれていたためだったとも言われています。

そこで釈尊はおっしゃいました。

「アーナンダよ、それではそなたが良いと思う時に行きなさい」

侍者であるアーナンダは、そのお言葉で座から立つと、釈尊を礼拝し、折目正しく右まわりの礼を取って、近くの樹の下へ行って坐りました。

第八編 釈尊の入滅

57 入滅の決意

さて、この時を待っていたのが彼《か》の魔王でした。魔王はアーナンダ尊者が立ち去るや否や、すぐさま釈尊の近くに来て立ったのです。何という執念でしょうか。かつて、深夜カピラワッツの城門を、今にも出ようとされるシッダッタ王子に、出家を思い止まらせようとして果たせなかった魔王は、それ以来ずっと菩薩であられた釈尊につきまとい、さまざまな方法で成道《じょうどう》を妨げようとしました。かの菩提樹下、金剛座での攻めようは壮絶を極めました。けれども魔王はそれらすべてに完全に敗れ、釈尊は遂に正覚《しょうがく》を成じて三界《さんがい》の大導師仏陀となられました。それでも魔王はなおもあきらめず、成道の直後、ウルヴェーラーのネーランジャラー河（尼連禅河《にれんぜんが》）のほとり、アジャパーラという名のバンヤン樹のもとに坐っておいでになった釈尊に近づいて、こう言ったことがあります。

「世尊、世尊は今、入滅なさって下さい。今こそ入滅なさるべき時です」

しかしこの時も釈尊はその理由を挙げて、断固として入滅を拒否され、魔王は敗れて引き退りました。ところがその時釈尊の挙げられた拒否の理由となるものが、今はもうすべて無くなってしまっていたのです。さてこそ魔王がこうしてやって来たのでした。魔王は言いました。

「世尊、世尊は以前、お弟子である修行僧や尼僧、在俗信者や信女が、深く仏法に信を持ち、自ら精進し、賢明で多く聞き学び、法を保ち、法と教えに従った正しい実践をなし、自ら知ったことと師の教えをよく保って、語り、説き、明らかに世に知らしめ、異説に対しては法によってよく説き伏せ、自由自在な活動能力のある法を説き示さない間は、入滅できないということをおっしゃいました。ところが今やお弟子がたは、いずれも望まれた通りになっておられます。

また世尊は、世尊の清浄行が成就され、栄え、拡がり、多くの人々に知られ、広く行きわたって、神々や人々によく説き明かされない間は、入滅しないであろうともおっしゃいました。ところがこれも今やすべてその通りになっております。

世尊、世尊は今、入滅なさって下さい。今こそ入滅なさるべき時です」

これを聞かれた釈尊は、静かに答えられました。

「悪しき者よ、あせるでない。遠からず如来は入滅するであろう。これより三月《みつき》の後に、如来は入滅するであろう」

こう宣言された後、釈尊はチャーパーラ廟において、正しい念、正しい智慧をもって、寿命の素因を捨て去られたのです。

この瞬間、このことによって、身の毛もよだつばかりに恐ろしい大地震が起こり、雷鳴がとどろきわたりました。

アーナンダ尊者は驚いて釈尊の御許にまいり、釈尊を拝して片側に坐ると、この大地震の原因を伺いました。釈尊はそれをお教えになり、次いで魔王との、ネーランジャラー河のほとり、バンヤン樹下での対話と、今日の対話とを述べられ、三ヵ月後に入滅すると、宣言されたことを告げられました。

アーナンダ尊者の驚きと悲しみは言いようもなく、ふるえかすれる声で、必死になって懇願致しました。

「世尊、世尊はどうか一劫の間、この世にお留まり下さいませ。仏世尊は一劫の間、この世にお留まり下さいませ。神々と人々との利益のため、幸福のために」

と。けれども時はすでに遅すぎたのです。釈尊は、

「アーナンダよ、今は止めよ。如来に懇願してはならない。アーナンダよ、今は懇願すべき時ではない」

と仰せになるばかりでした。それをなおも二度、三度と、あきらめ切れずに懇願し続けるアーナンダ尊者に、釈尊はお話しになったのです。この懇願を受けることのできた時、先にチャーパーラ廟でなさったと同じ内容の話を、ヴェーサーリーや王舎城周辺の各所で、すでに幾度となくしておいでになったことを。しかしアーナンダ尊者は一度もそれを洞察することができず、懇願しなかったのだということを。そして「これはそなたの過失である」と納得が行くように言ってお聞かせになったのです。その上でアーナンダ尊者の気持をくまれた釈尊は続けられました。

「けれどもアーナンダよ、私はこのように言っておかなかったか。すべての愛しく好ましく思う者ともやがては生別し、死別し、死後には生存の場所を異にすると。

アーナンダよ、この世に生じた、存在する、造られたものはすべて消滅する、これが世のことわりである。それは如来によって棄てられ、投げ出され、脱せられ、捨て去られたものである。寿命の素因は捨てられた。如来は決定的に入滅することをすでに公言したのである。如来がこのような寿命に関する言葉を取り消すという道理はない。

さあ、アーナンダよ、大林の重閣講堂に行こう」

アーナンダ尊者は言いようのない苦悩と悲しさの中で、それでも少しは落ち着きを取りもどして、釈尊の

後に従ったのでした。

釈尊は重閣講堂に着かれると、ヴェーサーリー近辺に住む修行僧たちを全員講堂に集めるよう、尊者にお命じになりました。

やがて講堂に入って来られた釈尊は、設けの座にお坐りになり、慈しみに満ちた目で一同を御覧になりました。それから深々としたよく通るお声で、噛んでふくめるように説きはじめられました。

「さて、修行僧たちよ、私は《法》を知って、そなたたちにそれを示した。そなたたちはそれをよく理解し、身をもって実践し、修習して、広く告げ知らせるようにしなければならない。それは清らかな行ないが長く続き、それを久しく存続させるためであって、神々と人々との利益のため、幸福のためである。

ではその《法》とは何であるか。それは、さとりに到るための三十七種の修行方法である。即ち、四種の心静かな内観――身体の不浄・感受の苦・心の無常・法の無我を感じる《四念処《しねんじょ》》、これに次いで修するところのものである四種の正しい努力――すでに生じた悪を除き断じようと勤める・未だ生じない悪を新たに生じさせないように勤める・未だ生じない善を生じるように勤める・すでに生じた善を増大させるように勤めることの《四正勤《ししょうごん》》、四つの自在力を得る根拠――欲・勤・心・観神足の《四神足《しじんそく》》、さとりを得るための五つの機根――信根・精進根・念根・定根・慧根の《五根《ごこん》》と、それの増長による悪を破る五つの力――信仰力・精進力・憶念力・禅定力・智慧力の《五力《ごりき》》、さとりの智慧を助ける七つの法――心に明らかに憶《おも》いとどめて忘れない・智慧によって法の真偽を選ぶ・正法にたゆまず精励する・正法を得て歓喜《かんぎ》する・身心を軽快で安らかにする・禅定に入って心を乱さない・心が一方にかたよらず、とらわれを捨てることの《七覚支《しちかくし》》、理想の境地に達するための八つの道――仏教の真理（四諦《したい》）を自覚した正しい見解・正しい思惟・正しい言葉・正しい身体のおこない・正しい生活・正しい努力・

正しい道の憶念・正しい禅定の《八聖道《はっしょうどう》》がそれである」

それからさらに釈尊は、心の底の底まで響く妙なる梵音をもって仰せになりました。

「修行僧たちよ、私は今、そなたたちに告げよう。もろもろの存在は滅び行くものである。怠《なま》けることなく精進するように。遠からずして如来は入滅するであろう。これより三月の後、如来は入滅するであろう」

これが釈尊の、この地での最後のお教えだったのです。

58 ヴェーサーリーとの別れ

釈尊とその一行が、ヴァッジー国の首都ヴェーサーリーを後にされる日が来ました。朝早く内衣を着け、衣鉢を取られた釈尊は、何時《いつ》ものように威儀を正して、托鉢のためにヴェーサーリーの町へ入って行かれました。そして托鉢から帰って食事を終えられると、いよいよ出発されることになりました。釈尊は、まるで大象王が後ろをふり返る時のように、ゆっくりとお身体をまわしてヴェーサーリーを御覧になり、侍者のアーナンダ尊者におっしゃいました。

「アーナンダよ、これは如来がヴェーサーリーを見る最後の眺めとなるであろう。さあ、アーナンダよ、バンダ村へ行こう」

「かしこまりました。世尊」

アーナンダ尊者はこうお応えして、一行と共に釈尊に従いました。

思えば、成道されてから五年目の雨安居《うあんご》はこのヴェーサーリーであり、大林重閣講堂の名は経典にたびたび出て来ています。廟所の名も見られます。ここでの釈尊の御説法、戒律の制定などは、舎衛城や王舎城に次ぐものでした。

この地は、仏教とほぼ同じころに興《おこ》ったジャイナ教の教祖、マハーヴィーラの出身地であり、仏教が入る前からジャイナ教の勢力が強い所でした。熱心な信者も当然多かったのです。けれども釈尊の偉大さを知って、転向する村長や王子などもあり、釈尊の晩年に近づくに従って仏教信者が相当に増え、仏教教団への協力も大きかったことが伝えられています。

釈尊の四十五年にわたる長い教化活動の間、幾度この地に立ち寄られ、人々の渇いた心に法の雨を、病んだ心には医王としてのお力を発揮して救われたことか、ヴェーサーリーは釈尊にとっても、思い出多い地であられたことと思われます。

こうして一行はバンダ村に到着。釈尊はここにしばらく滞在され、修行僧たちに仏法の要義である戒《かい》と定《じょう》と慧《え》と無上の解脱《げだつ》について法話をされた後、さらに道を進められます。

「さあ、アーナンダよ、ハッティ村に、そしてアンバ村に、それからジャンブ村に、そしてボーガ市に行こう」

これは次第に釈尊の生まれ故郷に向かわれる道筋のようにも思えます。

アーナンダ尊者はお年を召された釈尊を気遣い見守りながら、何時ものように、

「かしこまりました。世尊」

とお応えするのでした。

釈尊は修行僧たちを従え、説法を続けながら旅をされ、ボーガ市のアーナンダ廟に留まられました。

59 鍛冶工チュンダの供養

釈尊はお心のままにボーガ市に滞在された後、次いでお弟子がたと共に西北のマッラー国、パーヴァー市へ向かわれ、市の郊外にある鍛冶工《かじこう》の子チュンダの持つ、マンゴー林に入られました。

〈付〉鍛冶工といってもインドでは、金細工・銀細工にたずさわる人も皆、一くるめにして「鍛冶工」といわれていました。ですからチュンダは「金属細工人の子」という方がよいかも知れないといわれています。私もその方がよいと思うのですが、やはり耳馴れた「鍛冶工の子チュンダ」でお話を進めさせていただくことにします。

一方、このことを知ったチュンダは、夢かとばかりに喜んで、飛ぶようにマンゴー林へ馳けつけました。

（あの仏陀釈尊が私のマンゴー林に、お弟子の修行僧がたと一緒に、今、来ておいでになる！）

こう考えただけで、チュンダの全身は、まさに幸せではちきれんばかりになっていました。何しろ、そのころの厳しいカースト社会では、たとえどんなに財産を持っていても、所詮《しょせん》、鍛冶工は鍛冶工、卑《いや》しい職業の家の者として、さげすまれていたのです。

そうしたことを、出家者として、昔からの根強い差別観をはるかに超えたところで、どんな身分階級、どんな立場にある人とも、文字通り等しく平等に、一個の人間として向かい合い、導いて来られたのが、ほかならぬ釈尊であられたのです。御自分は王族の出でありながら、これは特に当時のインドでは、とうてい思いもつかない、画期的な考え方であり、勇気ある行動力でした。豊かな経済力を持ちはじめながらも、カーストとしては蔑視されざるを得なかったチュンダのような人々にとって、釈尊は救世主ともいうべき、精神世界の指導者だったのです。

チュンダは釈尊の御許にまいると、心から嬉し気《げ》に、慕わしさと限りない尊敬の念を全身にこめて、深々と礼拝をして片側に坐りました。

釈尊はそんなチュンダにふさわしい法話をしてお聞かせになり、教え、諭《さと》し、励まし、喜ばせられたのです。チュンダはさっそく申し出ました。

「世尊。世尊は明朝、修行僧がたと共に、私の家で御供養の食事をお受け下さいますように。どうかこれをお聞き入れ頂きとうございます」

釈尊は沈黙によって同意を示されました。釈尊がこうした人々からの招待をお受けになる、そのことさえ、この社会では大変なことの一つであったようです。

鍛冶工の子チュンダは、釈尊がお受け下さったことを知ると、座から立ち、釈尊を礼拝して右まわりの礼をとって帰って行きました。

興奮しきっているチュンダの頭の中は、何をどう用意すればよいか、明日の御供養の食事のことでいっぱいでしたが、その夜の間に、味のよいさまざまなおいしい食べ物と、多くのきのこ料理など、豪華なお料理を十分に用意しました。

こうして朝になると、チュンダは、時間になったこと、お食事の準備はすべて整っていることを、釈尊にお知らせしました。

そこで釈尊は朝早く、内衣を着けられ、衣鉢を取って、アーナンダ尊者をはじめとする修行僧たちと共に、鍛冶工の子チュンダの住居に行かれ、設けの座に坐られました。ところが坐られた釈尊は、チュンダにこうおっしゃったのです。

「チュンダよ、そなたの用意したきのこ料理を私の所に持って来るように。そしてそのほかの用意された食べ物を、修行僧たちの所へ持って行くように」

釈尊には見えるものが見えておいでになったのです。けれどもチュンダは何も気づかず、「かしこまりました」と応えて釈尊のお言葉通り、きのこ料理を釈尊に差し上げ、ほかのさまざまなお料理を修行僧がたに差し上げました。すると釈尊は、さらにチュンダにおっしゃいました。

「チュンダよ、残ったきのこ料理は、それをすっかり穴に埋めなさい。天界・魔界をはじめ、あらゆる世界を通じて、如来以外にこれを食べて消化することのできるものはいないのだから」

チュンダはこの時も言われた通りにしてから、釈尊に近づき、礼拝して片側に坐ったのです。釈尊はチュンダに法話をなさって、教え、諭し、励まし、喜びを抱かせられました。

この時チュンダは釈尊に、「世間にはどのような種類の修行者がいるのでしょうか」とお尋ねしました。きっと裕福な彼の所には、修行者たちがよって来ていたことでしょう。そうした人々を見極める基準を、チュンダは尊敬して止まない釈尊に教えて頂きたかったに違いありません。

そこで釈尊は、世の中には四種の修行者があることを、説いてお聞かせになりました。

「第一は、道による勝者であり、

第二は、道を説く者であり、

第三は、道の中に生活する者であり、

第四は、道を汚《けが》す者である」

こうおっしゃった後、チュンダの願いに応えて、その一つ一つについて説明をなさったのです。

「第一の〈道による勝者〉とは、自ら正しい修行をして疑惑を超え、あらゆる煩悩を断じ切って、一切の迷いから脱し、完全な安らぎの境地に達した最高の聖者、人天両界を導く人である。

第二の〈道を説く者〉とは、道を説いて誤ることのない、信仰と学解の確立した有学の聖者である。

第三の〈道の中に生活する者〉とは、正しい教説に親しみ、自ら制して定められた戒律を守り、精進して道に従って生活している者である。

第四の〈道を汚す者〉とは、真面目な修行者のように見せかけてはいるが、それはいつわりであって、実は図々しく傲慢で自制心がなく、正しい信仰も学解もなく、在家からの供養をむさぼるだけの者である」

と。これを伺ったチュンダは喜んで、いよいよ釈尊への崇敬を強くしたのでした。

⑥⓪ 釈尊は重い病に

チュンダの家から出て来られた釈尊は、ことにこの旅の間中、釈尊のお身体を案じて、側《そば》から離れまいとしているアーナンダ尊者におっしゃいました。

「さあ、アーナンダよ、クシナーラーへ行こう」

「かしこまりました。世尊」

アーナンダ尊者はこう応えましたが、この時すでに釈尊は、死に至る激しい病に罹《かか》っておいでになったのです。原因はさきほど召し上がった、チュンダの献じたきのこ料理にあったといわれています。

性来、さしてお丈夫ではなかった釈尊です。旅のお疲れも重なっておられたことでしょう。けれども釈尊は正しい念《おもい》の中に身を置かれ、並の人間ではとうてい耐えることのできない激しい苦痛にも心を悩まされず、じっと耐え忍んでおいでになったのです。しかしそれは、血がほとばしり出る激しい下痢をともなうものでした。釈尊はそのお身体で、これからクシナーラーへ向かおうとしておいでになったのです。そしてチュンダの御供養は、釈尊の最後のお食事となったのでした。

釈尊のお身体は激しい下痢と痛みのために、すっかり弱られ、間もなく路をはずれた一本の樹の根もとに近づかれると、アーナンダ尊者におっしゃいました。

「さあ、アーナンダよ、私のために大衣《だいえ》を四つに折って敷くように。アーナンダよ、私は疲れた。坐りたいのだ」

「かしこまりました。世尊」

アーナンダ尊者は急いで大衣を四つ折りにして樹の下に敷きました。釈尊はその上に静かにお坐りになりました。そして激しい下痢による脱水症状のためだったのでしょう、「のどが渇《かわ》いているから水を飲みたい」とおっしゃいました。

ところが丁度その時、五百台の車が通り過ぎて行きました。そのせいで近くを流れている河は、沢山の車輪で流れを断たれた形になり、水量は減り、散々にかき乱されて、それこそ濁り切って流れていたのです。これでは差し上げることができません。

そこでアーナンダ尊者はその有様を釈尊に申し上げ、おつらいだろうとは思いながらも、ほど遠からぬ所にある、水が清らかに澄んでいて快く、冷《ひ》んやりとして入りやすく、心を楽しませてくれるカクッター河で水をお飲みになり、お身体をお冷し下さるようにとお願いしました。けれども釈尊は再び、前と同じように「飲み水を持って来るように」とおっしゃいます。尊者は前と同じようにお応えしました。それでもどうしたことか釈尊は、三度まで同じことを言われるのです。

そこで尊者は「かしこまりました」と応えて鉢を取り、先《さき》の河へ行きました。ところが何と、アーナンダ尊者が近づいた時、その河の水はまるでうそのように透明で美しく、澄み切っていて、清らかに流れていたのです。尊者は息をのんで感嘆し、今更のように釈尊の偉大なお力を目のあたりにして、手にした鉢に、そのえもいわれず清らかな水を汲み、釈尊に捧げて申し上げました。

「世尊よ、不思議なことでございます。またとないことでございます。何たる如来の大神通・大威力でありましょうか。私が近づきますと、あの同じ河の水が、このように透明に、清らかに澄み切って、流れていたのでございます。世尊よ、水をお飲み下さい。幸せなお方はこの水をお飲み下さい」

こうして釈尊は、端然としてその水をお飲みになったのでした。

61　金色の衣よりも

そこへクシナーラーからパーヴァー市への道を進んで来たのが、マッラ族のプックサでした。この人は、かつて釈尊が御出家直後、はじめて師事されたアーラーラ・カーラーマの在家の弟子でした。

彼は樹の下に坐っておいでになる釈尊の、この上もなく心静かなお姿を見ると、思わず近づいて行って礼拝し、片側に坐りました。そして、ふしぎなまでの崇高な安らぎと静けさの中に坐しておられる釈尊を、心から称《たた》えました。

プックサは釈尊に自分の師匠の禅定にまつわる話などをしていましたが、やがて釈尊の比類ない偉大さを知るとすっかり感動し、今まで持っていたアーラーラ・カーラーマへの信の心を、まるで大風のように吹き飛ばし、奔流のように流し去ってしまいました。そして改めて、終生、仏・法・僧の三宝に帰依することを誓い、在俗信者としてお受け下さるよう願ったのです。

釈尊がこれを許されたことはいうまでもありません。喜んだプックサは供の者に言いつけて、黄金と絹の糸とで織り上げた、柔らかく、金色に光り輝くすばらしい一対《つい》の衣を持って来させ、これを捧げて申し上げました。

「世尊、どうかこれをお受け下さいませ」

釈尊はおっしゃいました。

「それではプックサよ、一つは私に着せ、一つはアーナンダに着せなさい」

プックサはお言葉通り、一つを釈尊のお肩に、もう一つをアーナンダ尊者の肩にかけました。衣といっても、当時のインドでは、特に形とてない、長い一枚の布だったのですから。

釈尊はプックサに法話をされました。プックサはそれによって教えられ、諭され、励まされ、言い知れぬ喜びを胸に抱いて座から立つと、釈尊を恭《うやうや》しく礼拝し、右まわりの礼をとって立ち去って行きました。

プックサが行ってしまうと、アーナンダ尊者は自分の肩からその衣を取り、一対の金色に輝く柔らかな衣を釈尊のお身体にお着せしました。すると何ということでしょうか。あれほど豪華な黄金色に輝いていた衣が、釈尊のお身体の上では、まるで輝きを失ったようにしか見えないのです。アーナンダ尊者は驚いて申しました。

「世尊、何という不思議さ、何という希有《けう》なことでございましょうか。如来のお膚の色が、この世の何物にも優《まさ》って清らかに、麗《うるわ》しく輝いて拝せられます。私がこの見事な金色に光り輝く一対の衣を、世尊のお身体にお着せ申しましたところ、あれほどの衣が、今は輝きを失なって見えるのでございます」

「アーナンダよ、その通りである。実に次の二つの時、如来の皮膚の色はこの上もなく清らかに、麗わしく輝くのである。一つは無上の正覚を成じて仏陀となったその夜、今一つは入滅する夜、この二つの時がそれである」

こう仰せになった釈尊は、次いで何時《いっ》もと少しも変わりのない、静かで深々としたお声でおっしゃいました。

「そしてアーナンダよ、今夜半、クシナーラーのマッラ族の沙羅樹の林、沙羅双樹の下《もと》で、如来の入滅があるであろう。

さあ、アーナンダよ、カクッター河へ行こう」

釈尊はアーナンダ尊者をはじめとする一行と共に、見るだけでも心の洗われる、清らかで美しく、ひんやりとしたよい水の流れているカクッター河に向かわれました。

釈尊はこの河で、疲れ切ったお身体を沐浴によってしばし癒され、またきれいな水を飲んで河から出られると、マンゴーの林に入られました。釈尊はこの時、ずっと付いて来ていたチュンダの気持を汲まれたのでしょうか、アーナンダ尊者にではなく、チュンダにこうおっしゃったのです。

「チュンダよ、そなたは私のために大衣を四つに折って敷くように。私は疲れている。横になりたいのだ」

チュンダは急いで大衣を四つ折りにして敷きました。釈尊はその上に右脇を下にされ、右足の上に左の足を重ねて横になられました。しかし、またしばらくして起き上がろうと、これほどの極度な疲労と衰弱の中で、なおも正しい念、正しい智慧によって、お心を集中させておいでになったのです。

そしてチュンダは、釈尊のお側に、そのままじっと坐っていたのでした。

62 チュンダへの思いやり

アーナンダ尊者が来ると、チュンダは静かに立って釈尊のお側を離れました。すでに三ヵ月前、寿命の素因を捨てられ、今夜半には入滅されるという釈尊の、お身体の衰弱と疲労は甚しいものでした。しかし、そんな中でも釈尊は、チュンダの今の気持を、またこれから先のことを案じておいでになりました。そしてアーナンダ尊者におっしゃったのです。

「アーナンダよ、誰かがチュンダにこう言って、ぬぐい切れない後悔の念を抱かせるかも知れない。《如来はお前の捧げた最後の御供養の食べ物によって入滅されたのだ。だから友、チュンダよ、お前には利益がなく、功徳もない》と。

けれどもアーナンダよ、チュンダのこの後悔の念は、こう言って取り除かねばならない。《友よ、如来はお前の捧げた最後の御供養の食べ物によって入滅されたのだ。だからお前には利益があり、功徳がある。友、チュンダよ、私は世尊から直接に聞き、直接に承《うけたまわ》った。二つの供養の食べ物には等しい実り、等しい果報があって、他のどんな供養の食べ物よりもはるかに勝れた、より大きな果報があり、功徳がある。

その二つとは何であるか。その一つは、如来がその供養の食べ物によって無上の正覚を成じられた、スジャーターの捧げた、ミルク粥である。もう一つは、如来がそれを食して入滅され、余す所のない完全な涅槃の境地に入られた、このたびチュンダの捧げた最後の御供養の食べ物である。鍛冶工の子チュンダは長寿への業《ごう》を、より良い見目形《みめかたち》となるべき業を、より安楽となるべき業を、名声への業を、死後天に生まれて行く業を積んだ》と。

アーナンダよ、このようにチュンダに伝えるように」

釈尊のこの温かく優しいチュンダへの思いやり深いお言葉は、釈尊の限りない慈悲と、すべての人々を包み込まずにはおかない、無限の光輪を感じさせずにはおきません。アーナンダ尊者もきっと人事《ひとごと》ならず覚えて、心の中で合掌していたことでしょう。ましてや尊者から改めてこのお言葉を伝えられた時の鍛冶工の子チュンダの気持は、察するに余りあります。

63　人天の師、釈尊

やがて釈尊はアーナンダ尊者におっしゃいました。

「さあ、アーナンダよ、ヒラニヤヴァティー河の向こう岸、クシナーラーのマッラ族の沙羅樹の林に行こう」

「かしこまりました。世尊」

アーナンダ尊者はこうお応えし、大勢の修行僧たちと共に釈尊に従ったのでした。

クシナーラーの沙羅樹の林に入られた釈尊は、

「さあ、アーナンダよ、そなたは私のために沙羅双樹の間に床を用意するように。アーナンダよ、私は疲れた。横になりたい」

と御入滅の場を静かにお示しになるのでした。

「かしこまりました。世尊」

アーナンダ尊者は、沙羅双樹の間に御床を整えました。釈尊はその上に、頭を北に、右脇を下にされ、足の上に足を重ねて、獅子座といわれる最も高貴な姿勢で、お身体を横たえられました。そして正しい念、正しい智慧の中にお心を留められたのです。

この時、沙羅双樹は時ならずして一せいに花を開き、淡黄色の香り高い小さな花々は、如来を供養するために、お身体の上に果てしもなく、降るように散りそそぎました。虚空からは天のマンダーラヴァ華が、天の栴檀《せんだん》の粉が、香ぐわしくまた美しくはらはらと降りそそぎ、虚空では天の楽器が奏でられ、天の合唱が沸きおこって如来を御供養したのでした。

こうした中で釈尊はアーナンダ尊者に仰せになりました。

「アーナンダよ、このような時ならぬ時に満開となって降りそそぐ沙羅双樹、虚空から舞い降ちて来る天のマンダーラヴァ華、天の栴檀香、天の音楽、天の合唱は、如来へのまことの尊敬、供養ではない。

アーナンダよ、修行僧・尼僧、在俗信者・信女で、法を重んじ、法に従って正しく実践し、正しく行なう者こそ、如来を心から崇敬し、重んじ、この上ないまことの供養をしているのである。

それ故にアーナンダよ、ここで（法に従って正しく実践し、正しく行なって行かなければならない）と、このように学ばねばならぬ」

これは当然ながら、アーナンダ尊者に対してだけのお教えではなく、すべてのお弟子がたへのお教えでもありました。

さて、釈尊は常に人の世界、天の世界の両界に対して法を説いて来られました。ところが丁度その時、修行僧のウパヴァーナ尊者が、釈尊の前に立って、ゆっくりと釈尊をあおいでいました。すると突然、釈尊がおっしゃいました。

「去りなさい。修行僧よ。私の前に立ってはいけない」

何故、釈尊がこのようにしてウパヴァーナ尊者をその場から立ち去るように命じられたのか、それは誰にも分かりませんでした。ウパヴァーナ尊者は何事かと驚いたことでしょう。そして心の優しいアーナンダ尊者は、彼の気持を察して胸を痛めました。と同時に、釈尊のお言葉が余りにも腑《ふ》に落ちなかったので、率直に申し上げました。

「世尊よ、ウパヴァーナは長い間、世尊のお側近くに仕《つか》え、侍者をつとめたこともある者でございます。それを御入滅も間近いというこの時に、何故あのように仰せになったのでございますか。そのわけをお聞かせ下さい」

「アーナンダよ、十方の世界の数えようもないほど数多くの神々が、今、如来に会うために集まっている。アーナンダよ、この沙羅樹の林の周囲十二由旬《ゆじゅん》の間は、大威力ある神々で、兎の毛の先ほどの空《す》き間もないほど一杯になっている。

アーナンダよ、その神々がつぶやいているのだ。《ああ、何ということだ。われわれは如来にお目にかかるために、こうして遠くからやって来た。最高のさとりに達し、正覚を成じられた如来は、実にまれなるある時、この世にお出ましになった。この会い難い如来が、今日、夜半に入滅されるという。このような時に、何と、強い威力を持つ修行僧が如来の前に立っていて、如来を覆っているのだ。そのためにわれわれは如来にお目にかかることができない》と。

アーナンダよ、そのために私はああ言ってウパヴァーナを立ち去らせたのだ」

さらに釈尊は、神々の姿を見ることのできないアーナンダ尊者の問いに答えて、神々が余りにも早い釈尊の入滅を知ってどんなに嘆き悲しんでいるか、その有様をお話しになり、その悲しみの中に在りながらも、愛執の心を滅ぼし尽くしているので（諸行は無常である。どうして滅しないということがあり得ようか）と耐え忍んでいる、その様子をもお聞かせになったのでした。

これを伺ったアーナンダ尊者は、人天《にんでん》両界の大導師であられる釈尊の偉大さを、今更のように知ったのでした。

次いで釈尊は、釈尊亡き後、信仰心ある真面目な修行僧・尼僧、在俗信者・信女がその地に行って感激を覚え、新たに精進努力への決意を強くすることができるよう、大切な場所として次の四つを挙げられたのでした。

それは〈仏生誕の地――ルンビニー園〉・〈仏成道の地――ブッダガヤー〉・〈初転法輪の地――鹿野苑《ろくやおん》〉・〈仏入滅の地――クシナーラー〉で、この四つの廟を遍歴し、清らかな信心を抱いて死ぬ者は、すべて死後、天界に生まれるであろう、と述べられました。

ところがさらに、侍者であるアーナンダ尊者には刻々流れ去って行く釈尊との時の中で、どうしても伺っておかなければならないことがありました。

「世尊、如来の御遺体を私たちはどのようにいたせばよろしいのでしょうか」

「アーナンダよ、そなたたちは如来の舎利《しゃり》供養にかかわっていてはならぬ。何事よりもアーナンダよ、そなたたちは修行僧としての目的に向かって、怠ることなく専一に精進努力せよ。

アーナンダよ、如来に浄《きよ》らかな信心を抱く王族・バラモン・資産者の賢者たちが、如来の舎利を供養するであろう」

このお言葉はアーナンダ尊者をはっと我に返らせる、長年釈尊の許でつちかわれ教え込まれて来た、修行僧としての根本的な姿勢でした。とはいえアーナンダ尊者としては、重ねて伺わざるを得ないことが、まだ残っていました。

「世尊、しかしながら如来の御遺体を、私たちはどのように処理いたせばよろしいのでしょうか」
「アーナンダよ、転輪聖王の遺体を処理するのと同じ方法で、如来の遺体を処理すべきである」
「では世尊、転輪聖王の遺体は、どのように処理すべきなのでございましょうか」
「アーナンダよ、転輪聖王の遺体を、新しい布で包む。次に打ってほごされた綿《わた》で包む。次に新しい布で包む。このような方法で、転輪聖王の遺体を五百重に包んで、鉄の油槽《ゆそう》の中に入れ、さらにもう一つの鉄槽で覆い、あらゆる香木を薪《たきぎ》として積み上げた上で、火葬にする。そして大いなる四つ辻に、転輪聖王の塔を造る。

アーナンダよ、転輪聖王の遺体はこのように処理をするのである。

アーナンダよ、転輪聖王の遺体を処理するのと同じように、如来の遺体を処理すべきである。大いなる四つ辻に、如来の塔を造るべきである。そこに花輪や香などを捧げて礼拝する者は、長く利益と安楽とを得るであろう」

こう述べられた後で釈尊は、塔についてお話しになりました。

「アーナンダよ、塔を造って拝まれるべきものに四つある。それは〈仏陀〉・〈独覚〉・〈仏弟子〉・〈転輪聖王〉である。

その理由は（これはかの仏陀の塔である・これは独りでさとりを開いた人の塔である・これは仏陀の教えを聞いてそれを実行した人の塔である・これは法を尊び、武力を用いず正義のみによって全世界を統治した帝王の塔である）こう思って礼拝する時、人々の心は浄まる。かれらはそこで心が浄まって、死後、善い所、天に生まれて行くのである。これらの理由によって、人々はかれらの塔を造ってこれを拝むべきである」

アーナンダ尊者は釈尊のお言葉を、一言半句たりとも聞きもらしてはならないと、一心になって耳を傾けていました。けれどもその間にも時はどんどん過ぎて行きます。どんなに心を落ち着け、取り乱すまいと努めてはいても、まだ阿羅漢のさとりの境地に達していなかったアーナンダ尊者の胸は、今にも悲しみのために破裂してしまいそうだったのです。

⑹⑷ アーナンダ尊者の涙

耐え切れなくなったアーナンダ尊者は、精舎に入ると戸の横木によりかかったまま、泣いていました。どうしてこれが耐えられましょう。まだこれから学ばなければならないのです。精進して阿羅漢果《あらかんか》に達しなければならないのです。それなのにこの世で唯一人のかけがえのない師釈尊が、夜半には入滅されるというのです。ましてこの長い年月、侍者として常に随侍《ずいじ》して来た尊者には、釈尊のおいでにならない生活など、考えることすらできなくなっていたのです。涙はとめどもなく溢れ、抑えている声もともすれば激しい慟哭《どうこく》に変わって行くのでした。

釈尊はアーナンダ尊者の姿が見えないことにお気付きになると、修行僧たちに「アーナンダはどこにいるのか」とお尋ねになり、悲しんでいることを聞かれると、すぐにお呼びになりました。

アーナンダ尊者は釈尊のお側にまいって礼拝し、片側に坐りましたが、その美しい目はまだ涙で濡れたままだったのです。釈尊は仰せになりました。

「やめよ、アーナンダよ、悲しんではいけない。嘆いてはいけない。

アーナンダよ、かつて私はこのように説きはしなかったか。すべての愛する者、好む者からも、いずれは別れ、死別し、死んだ後にはその境界を異にするのだということを。

アーナンダよ、およそ生じ、存在し、つくられたものは、滅び行くべきものなのである。それが滅びないというようなことわりは存在しない。

アーナンダよ、長い間そなたは敬愛に満ちた細やかな気配りで、大切に、ためを思って、その安らかな、そしてひたむきな一途さで、無量の身と言葉と心の行為をもって私に仕えてくれた。

アーナンダよ、そなたはまことによく尽くしてくれた。努め励んで精進せよ。さすれば速やかに汚れのない境地に到るであろう」

アーナンダ尊者は、釈尊の懇々と説かれる限りない慈悲のお声に包まれながら、じっと涙をこらえているのでした。

この時、釈尊は並みいる修行僧たちに、アーナンダ尊者が如来の侍者として、如何に勝れた、欠くことのできない存在であるか、その聡明さ、身に具えているまれに見る不思議な徳を挙げて称賛されました。

アーナンダ尊者は、釈尊にどういう人を何時《いっ》お目にかからせるべきかを、適確に心得ていました。またその不思議な徳とは、たとえば修行僧・尼僧、在家信者・信女といった人々が、アーナンダ尊者に会おうとして近付いて行ったとします。するとその人々は、会っただけで心に喜びを感じ、そこでもし尊者が説法をすれば、聞いただけで心に喜びを感じ、もし尊者が沈黙していれば、その姿を見ているだけで見飽るということがなかったのです。

アーナンダ尊者は侍者となって以来、釈尊にお仕えすることだけに専心し切っていました。身のまわりのお世話から諸事万端、崇敬して止まない釈尊のためには生命をも投げ出して惜しまなかったのです。釈尊の年若い従弟であり、生まれながらの貴公子であったアーナンダ尊者の美しさは、明月を見るようであったといわれます。それにもまして清らかで美しく、その上、優しい心の持ち主であった尊者の存在は、どんなにか釈尊を、そしてまわりの人々を和《なご》ませたことでしょうか。

それにしてもアーナンダ尊者には、釈尊がこのように小さな町で入滅されることが、何としても納得できなかったのです。尊者は釈尊にお願いして申し上げました。

「世尊。世尊はどうかこのような小さな町で御入滅下さいますな。世尊よ、王舎城や舎衛城など大きな都市が幾つもございます。世尊はそのような所で御入滅なさいますように。そこには世尊を崇拝し、世尊に帰依する裕福な王族・バラモン・資産者たちがおります。かれらは如来のお舎利を崇拝いたしましょう」

これを聞かれた釈尊は、

「アーナンダよ、クシナーラーをそのように言ってはならぬ。この地は前生で私が大善見王《だいぜんけん》という傑出した転輪聖王であった時、神の都にも勝《まさ》る贅《ぜい》の限りを尽くした、華麗な大首都クサーヴァティーとして栄えていた。私はそれ以前の生でも六度、この地に舎利を埋めている。大善見王の時は七度目であった。如来が八度目に舎利を埋めるべき場所は、この地をおいて他にはないのである」

とクシナーラーが釈尊御入滅にふさわしいゆえんを説いて、アーナンダ尊者を安心おさせになったのでした。

65 クシナーラーの人々との別れ

次いで釈尊は仰せになりました。

「アーナンダよ。クシナーラーの町に行きなさい。行ってクシナーラーのマッラ族たちに告げなさい。《今夜半、如来は入滅されるでしょう。マッラ族の人人よ。みんな集まって来なさい。後になって（われわれの村の土地で、如来が入滅なさった。それなのにわれわれはその時、お目にかかることができなかった）と言って後悔することのないように》と」

「かしこまりました。世尊」

アーナンダ尊者はお応《こた》えするとすぐ、内衣を着け、衣鉢を手に持って威儀を正し、従者を一人連れてクシナーラーの町に入って行きました。

この時、共和制をとっていたクシナーラーのマッラ族の人々は、ある用件のために公会堂に集まっていました。アーナンダ尊者はそこへ行って、釈尊の仰せを伝えたのです。

これを聞いたマッラ族の人人は、一瞬、呆然としていましたが、たちまち男も女も老いも若きもこの大きな出来事に動転し、悲しみに耐え切れず、ある者は髪を乱して泣き、ある者は両腕を突き出して泣き、ある者は倒れ伏し、ある者は身をもだえて嘆き悲しむのでした。「世尊がお亡くなりになるのはあまりにも早い。幸いなお方がお亡くなりになるのはあまりにも早い。世の中の眼《まなこ》がお隠れになるのはあまりにも早い」と。そして一同は泣きながら、釈尊のおいでになる郊外の沙羅樹の林に向かいました。

アーナンダ尊者は（この大勢の人人を一人ずつ世尊にお別れさせていては、夜が明けても終わらないだろう）と考え、一家族ごとにまとめてお別れをさせました。

こうして夜の初更には、全員釈尊とのお別れを終えることができたのでした。

66 最後の直弟子スバッダ

その時、スバッダという一人の遍歴行者がクシナーラーに住んでいました。この人は釈尊が今夜半、入滅されるということを耳にすると、(正覚を成じられた人「仏陀」は、実にまれにしかこの世に出現されないと聞いている。私の抱いている疑問は、この方にこそ伺うべきだ)と心に決め、すぐさまその足で沙羅樹の林に行きました。そしてアーナンダ尊者に会い、自分の願いを述べて釈尊に会わせて頂きたいと頼んだのです。けれども時が時だけに、アーナンダ尊者はそれを断って言いました。

「お止めなさい。スバッダさん。如来を煩《わずら》わせてはなりません。世尊は非常に疲れておいでになるのですから」

けれどもスバッダもあきらめません。二人は二度も三度も押し問答を繰り返していました。

この声をお聞きになった釈尊は、

「止めなさい、アーナンダよ。遍歴行者スバッダを、私に会えるようにしてあげなさい。スバッダが私に尋ねようとすることは、すべて知ろうとして尋ねるので、私を煩わそうと思って尋ねるのではない。私は彼の問いに答えて、何でも説くことができるし、彼はそれを速やかに理解するであろう」

とおっしゃったのです。これを伺ったアーナンダ尊者は、スバッダに言いました。

「スバッダさん、世尊はあなたに許しを与えられました。さあ、行きましょう」

こうして遍歴行者スバッダは、釈尊の御許に近づいて挨拶をし、釈尊もまたそれを返されました。片側に坐ったスバッダは、さっそく釈尊に尋ねました。

「ゴータマさん。修行者やバラモンで集《つど》いを持ち、弟子たちを持ち、その弟子たちの師で世に知られ、名声高く、教祖として多くの人々に崇敬されている人たち、たとえばプーラナ・カッサパ(無道徳論者)、マッカリ・ゴーサーラ(宿命論的自然論者)、アジタ・ケーサカンバリン(唯物論・快楽論者)、パクダ・カッチャーヤナ（無因論的感覚論者）、サンジャヤ・ベーラッティプッタ（懐疑論者）、ニガンタ・ナータプッタ（ジャイナ教の開祖）――以上の人々は「六師外道《ろくしげどう》」と呼ばれ、釈尊とほぼ同時代にガンジス河中流流域で勢力のあった自由思想家――、彼らはすべて自分の智をもって知ったのですか、それとも彼らはすべて知っていないのですか、または、彼らの中のある者は知り、ある者は知らないのですか」

「止めなさい、スバッダよ。そのようなことは言わぬがよい。スバッダよ。私はそなたに法を説こう。それをよく聴いて記憶し、心に保って忘れないようにしなさい」

こう仰せになった時、遍歴行者スバッダの心は、すでに変わりはじめていました。修行者として対等に「ゴータマさん」と呼びかけていたはずのスバッダが、釈尊の限りなく奥深い智慧と慈悲の中から流れ出て来る、静かで温かいお声を聞き、釈尊のお身体から発せられる言いようのない光を受けているうちに、いつの間にか我《われ》知らず、言葉まで敬虔《けいけん》なものになっていたのです。

スバッダは思わず申し上げました。「かしこまりました。世尊」と。

釈尊は説きはじめられました。

「スバッダよ。どのような教えと戒律とにおいても、正しい見解・正しい思い・正しい言葉・正しい行為・正しい生活・正しい努力・正しい気遣い・正しい精神統一という、理想の境地に達するための八種の実践徳目〈八聖道《はっしょうどう》〉が見出されない所には、第一果（預流果《よるか》――聖者の流れに入った位）に達した修行者も認められないし、そこには第二果（一来果《いちらいか》――欲界で修行によって滅ぼされる九種の煩悩のうち、六種を滅ぼし終わった者の得る段階。この階位の者は一度天界に生まれ、また再び人間界に生まれて来て悟りを得る）に達した修行者も認められないし、そこには第三果（不還果《ふげんか》――もはや二度と欲界にあともどりせず、悟りに到れる境地）に達した修行者も認められないし、そこには第四果（阿羅漢果《あらかんか》――最高の聖者の境地）

に達した修行者も認められない。

しかしながらスバッダよ。どのような教えと戒律とにおいても、〈八聖道〉が見出される所には、第一果、第二果、第三果、第四果、それぞれに達した修行者が認められるのである。

スバッダよ。このわが教えと戒律とにおいては、〈八聖道〉が優先される。ここには第一果に達した修行者、第二果に達した修行者、第三果に達した修行者、第四果に達した修行者がいる。他の論議の道はむなしいものである。修行僧たちが〈八聖道〉に正しく心身を持続させているならば、この世界には最高の聖者阿羅漢が、つぎつぎに出て来ることになろう」

釈尊はこう仰せになってから、詩を述べられました。

〝スバッダよ　私は二十九歳の時
善を求めて出家した
スバッダよ　私は出家してから
すでに五十余年を経た
正しい道理と理法の領域のみを　歩いて来た
このほかには修行者なるものも存在しない〟

これを伺ったスバッダは、今は迷いも覚め、一筋に心の底から釈尊のお教えに感動して、その場で仏・法・僧の三宝に帰依することを誓いました。そして、「私は世尊の御許で出家し、完全な戒律を受けさせて頂きたいと存じます」と願い出たのです。

釈尊は仰せになりました。

「スバッダよ。かつて他の教えを奉じていた者が、この教えと戒律とにおいて出家を願い、完全な戒律を受けることを願う時は、四ヵ月の間、別の所に住むべきである。四ヵ月の後、修行僧たちの同意が得られたならば、その者を修行僧として出家させ、完全な戒律を受けさせる。そうではあるが、この場合、人によって違いのあることを考えに入れて配慮されるべきことは、私がこれを認める」

「世尊よ。もし以前に他の教えを奉じていた者に、そのようなきまりがありますならば、私は四ヵ月とは申さず、四年の間、別に住みましょう。そして四年の後、修行僧がたの同意が得られましたならば、修行僧として出家させて頂き、完全な戒律を受けさせて頂きたいと存じます」

この誠をこめたスバッダの真剣な言葉をお聞きになった釈尊は、アーナンダ尊者に仰せになりました。

「それではアーナンダよ。スバッダを出家させよ」

「かしこまりました。世尊」

アーナンダ尊者は即座にお応えしました。

この思いもかけない身の幸せに、スバッダはどんなに驚き、どんなに喜び、どんなに感激したことでしょうか。何と、少し前まで一人の迷いを抱いた遍歴行者であったスバッダが、入滅を間近にされた仏陀釈尊の御許で出家することができ、完全な戒律を受けることができたのです。

その直後、スバッダ尊者は独り離れて、専一に怠ることなく非常な熱心さで精進していましたが、やがて日を経ずして、遂に無上の清浄行の完成を、現世において自ら悟り、証し、それに達して住し、（生まれることはすでに尽くされ、清らかな修行はすでに果たされ、なすべきことはすでになされ、もはやこのような迷いの状態に生まれることはない）と悟ったのでした。

こうしてスバッダ尊者は、最高の聖者阿羅漢の一人となり、釈尊の最後の直弟子となったのでした。

67 遺誡

釈尊はアーナンダ尊者に仰せになりました。

「アーナンダよ。あるいはそなたたちは、このように考えるかも知れない。《師の教えはもう聞くことができない。もはや、われわれの師はおいでにならないのだ》と。

しかしアーナンダよ。そのように見なしてはならない。私がそなたたちのために説いた法と律とが、私亡き後はそなたたちの師となるのである。

またアーナンダよ。今まで修行僧たちは互いに《友よ》と呼び合っていた。しかし私が亡くなった後にはそのようであってはならない。先輩の修行僧は新参の修行僧に、名、あるいは姓、あるいは《友よ》と呼びかけるべきであり、新参の修行僧は先輩の修行僧に《尊者よ》もしくは《大徳よ》と呼びかけるべきである」

釈尊はこのほかにもアーナンダ尊者に、釈尊亡き後、教団としてなすべきことなどを指示され、みんなが秩序正しく和合して精進して行けるように、お心を配られたのでした。

そして御入滅の刻限が近づいて来た時、釈尊は静かに控えている五百人の修行僧一同に向かって仰せになりました。

「修行僧たちよ。仏について、または法について、教団について、道について、実践について、疑い、惑《まど》いのある者はいないか。もしあれば質問しなさい。後になって（私たちは目のあたり師にお目にかかっていながら、お尋ねすることができなかった）と言って後悔することのないように」

けれどもみんな黙ったままでした。釈尊は三度まで繰り返してお尋ねになった末、

「修行僧たちよ。そなたたちは如来を崇敬するあまり、尋ねないのかもしれない。友人が友人に尋ねるような気持で、質問しなさい」

と重ねて仰せになったのです。それでも修行僧たちは黙っていました。そこでアーナンダ尊者が申し上げました。

「世尊。不思議なことでございます。まれにしかないことでございます。ここには誰一人として仏、あるいは法、教団、道、実践について、疑いも惑いも持っている者はおりません。私はそう固く信じております」

「アーナンダよ。そなたは信念からそう言っている。けれども如来は仏智によって、一人としてこれらのことについて疑いも惑いもないことを知っている。またこの五百人の修行僧のうち、最も未熟な修行僧も、必ず聖者の流れに入り、やがて正しい悟りに達することをはっきりと知っている」

釈尊のお言葉はどこまでも温かく力強いものでした。

さて、最後に釈尊は居並ぶ修行僧たちに、この上もなく妙なる梵音を響かせて仰せになりました。

「修行僧たちよ。私はそなたたちに告げる。すべての現象は、移り行き滅び行くものである。怠けることなく精進せよ」

これが釈尊の御遺誡《ごゆいかい》でありました。

⑥⑧ 釈尊の入滅

いよいよ釈尊は禅定《ぜんじょう》に入られました。初禅から第二禅へ、第二禅から第三禅へ、第三禅から第四禅へ、第四禅から空無辺処定《くうむへんしょじょう》へ、空無辺処定から識無辺処定《しきむへんしょじょう》へ、識無辺処定から無所有処定《むしょうしょじょう》へ、無所有処定から非想非非想処定《ひそうひひそうしょじょう》へ、非想非非想処定から九種の禅定の最高位、聖者の無心定である滅尽定《めつじんじょう》に入られました。

この時、まだ阿羅漢に達していなかったアーナンダ尊者は、釈尊が無念無想、身心寂滅《しんじんじゃくめつ》の法楽を得て安住不動の禅定に入っておいでになるのを見ると、これでもう釈尊は入滅されたのかと、側にいたアヌルッダ(阿那律《あなりつ》)尊者に言いました。

「アヌルッダ尊者よ。世尊は入滅なさいました」

するとアヌルッダ尊者が言いました。

「友、アーナンダよ。世尊は入滅されたのではありません。滅尽定に入られたのです」

アーナンダ尊者はそれを聞くと、思わずほっとして息をつきました。(世尊はまだ御存命なのだ)と、まばたきもせず一心に釈尊を見つめ続けながら。

釈尊は次いで滅尽定を出られ、非想非非想処定に入られました。そしてこんどは前の順序を逆に、次第に初禅に向かって下りて行かれ、さらに初禅から第二禅、第三禅、第四禅へと進まれ、そこから出てただちに入滅されたのでした。

その瞬間、人々が身の毛を逆立てるような大地震が起こり、雷鳴がとどろきわたりました。その中で娑婆《しゃば》世界の主である梵天と、神々の主である帝釈天が、同時に、この偉大な釈尊の御入滅に無量の思いをこめて詩を詠じました。アヌルッダ尊者、アーナンダ尊者もそれぞれに詩を詠じて釈尊の御入滅をいたみました。

まだ愛執を離れていなかった修行僧らは両腕を突き出して泣き、打ち倒れ、のたうちまわり、ころげまわって「世尊はあまりにも早くお亡くなりになりました。幸いなお方はあまりにも早くお亡くなりになりました。世の中の眼《まなこ》はあまりにも早くお隠れになりました」と身も世もあらず嘆き悲しんでいました。

一方、愛執をすでに離れていた修行僧たちは、正しい念いと正しい智慧の中に自分を置いて、《すべての存在は無常である。どうして滅びないことがあり得ようか》と、よくこの悲しみに耐えていたのです。

アヌルッダ尊者は天眼《てんげん》第一といわれる十大弟子の一人で、釈尊の従弟《いとこ》にあたる勝れた人でしたが、我《われ》を忘れて悲嘆にくれる修行僧らに言って聞かせました。

「止めなさい。友よ。悲しんではいけない。慟哭《どうこく》してはいけない。世尊はかつてこのようにお説きになったではありませんか。《すべての愛する者、好む者からも、いずれは別れ、死別し、死んだ後にはその境界を異にするのだ》と。

友よ。生じ、生成し、つくられ、壊滅してしまう性質《たち》のものが、そうならないという道理はないのです」

その夜、アヌルッダ尊者とアーナンダ尊者は一晩中、法話をして過ごしました。そして夜が明けると、アヌルッダ尊者はアーナンダ尊者をクシナーラーに行かせ、マッラ族の人々に釈尊が入滅されたことを伝えさせました。

公会堂に集まっていたマッラ族の人々は、アーナンダ尊者が威儀を正して、

「世尊はお亡くなりになりました。よろしい時に詣でられますように」

と言うのを聞くと、一同、改めて悲しみにくれ、前にもました激しい悲嘆のうずの中で、大聖釈尊を惜しんで泣くのでした。

釈尊御入滅の日をわが国では二月十五日として、「涅槃会《ねはんえ》」が行なわれて来たことは、御承知の通りです。

69 荼毘の火

かくて、クシナーラーのマッラ族の人々は、悲しみに沈みながらも召使いたちに命じて、クシナーラー中の香と花輪と楽器とを残らず集めさせ、五百組の布を用意して、沙羅樹の林へ向かいました。

一同は安らかに眠るように横たわっておいでになる釈尊の御遺体を伏し拝むと、またもや涙にむせんでいましたが、やがて気を取りなおし、用意した布で天幕を張り、沢山の布で囲いを作って、舞踊・歌謡・音楽・花輪・香などを捧げ、崇敬の念をこめて御供養をするのでした。二日目も三日目も四日目も五日目も六日目も、この御供養は続きました。

そして七日目、マッラ族の人々はいよいよ御遺体を沙羅双樹の場所から、南の方向へ南の方向へと道をとって運び、都の外側南の方《かた》へお運びして、荼毘《だび》にお付し申すことにしました。そこで八人の頭《かしら》だった人たちが、頭を洗い、新しい衣服を身に着けて、慎んで御遺体を運ぼうとしました。ところがどうしても動かすことができません。

マッラ族の人々はこれには何かそれだけの原因と訳《わけ》があるに違いないと気づいて、アヌルッダ尊者にそのことを尋ねました。すると尊者はこう答えました。

「それはあなたがたの考えと、神々のそれとが違っているからです」

これを聞いたマッラ族の人々は、「それではその神々のお考えをお聞かせ下さい」と頼み、尊者はそれを伝えました。

「神々は御遺体に、舞踊・歌謡・音楽・花輪・香などを捧げ、崇敬の念をこめて御供養し、北に通じる道路を進んで都の北に運び、北門から都の中に入って、中央に通じる道路を進んで都の中央に運び、次いで東門から出て都の東方にある天冠寺《マクタバンダナ》というマッラ族の廟まで進んで、そこで釈尊の御遺体を荼毘にお付し申そうと考えておられるのです」

マッラ族の人々はこれを聞くと、「尊者よ、神々のお考え通りにいたしましょう」と言ってそれに従ったのでした。

こうして神々とマッラ族の人々とは、それぞれ天界の、また人間界の舞踊・歌謡・音楽・花輪・香などを捧げて釈尊の御遺体を崇敬の限りをこめて御供養しましたので、都は一面膝の辺りにいたるまで、降りそそぐ天の美しい花々で埋め尽くされました。この中を御遺体は天冠寺に運ばれ、丁重に安置されました。

マッラ族の人々はアーナンダ尊者の所に来ると、「尊者よ、私たちは如来の御遺体をどのように処理いたせばよろしいのでしょうか」と尋ねました。そこで尊者は釈尊から伺った通りを教えました。

「すべて転輪聖王《てんりんじょうおう》の遺体を処理するのと同じ方法で、行なわなければなりません。まず、如来の御遺体を新しい布でお包みし、次に打ってほごされた綿で包み、また次に新しい布で包む。このような方法で五百重にお包みした上で、鉄の油槽にその御遺体をお入れし、それをさらにもう一つの鉄槽で覆って、あらゆる香木を薪《たきぎ》として積み重ねた上で荼毘にお付し申すのです。

そして大いなる四つ辻に如来の塔を造らなければなりません。そこに花輪や香などを捧げ、礼拝し、心を清らかにして〝信〟を持つ者には、長く利益《りやく》と安らぎが得られることでありましょう」

マッラ族の人々はアーナンダ尊者の一言一言を注意深く聞き、召使いたちに「マッラ族のよく打ってほごされた綿を集めなさい」と命じました。そして用意がすっかり整うと、尊者に教えられた通りを一つ一つ、心をこめて慎重に、丁寧に、順を追って進めて行き、無事納棺《のうかん》を終えて、積み重ねた香木の薪の上に置いたのでした。

そのころ、十大弟子の中でも頭陀《ずだ》（無執着の行）第一とうたわれ、舎利弗・目連亡き後は釈尊の第一の弟子であったマハーカッサパ尊者が、パーヴァーからクシナーラーへの道を、五百人の修行僧たちと一緒に歩いていました。

その途中、尊者は道からはずれた一本の樹の根元に坐り、一行の修行僧たちもまたその周りに坐っていましたが、ちょうどその時、一人の外の教えを奉じる修行者が、マンダーラヴァ華を手に持って、クシナーラーからパーヴァーへの道を歩いて来ました。それを見た尊者は（もしや――）と思ってその人に声をかけて尋ねました。

「友よ、私たちの師を御存知ですか」

「はい。友よ、私は知っています。道の人ゴータマは、七日前に亡くなりました。それで私はこのマンダーラヴァ華を持っているのです」

これを聞いた時の一同の悲嘆と落胆の大きさは言いようもありませんでした。親を失った子供のように、夜の山路で松明《たいまつ》の消えてしまった旅人のように、慕わしさと心細さに、まだ愛執を離れていなかった修行僧たちはわれを忘れて嘆き悲しみ、すでに愛執を離れていた修行僧たちは正しい念い、正しい智慧の中に自分を置いて、じっと耐え忍んでいたのです。その様子は釈尊の御入滅に直面した、かの修行僧たちの姿そのままでありました。

こうした中でこの時、一人の年齢《とし》を取ってから出家した修行僧が、こともあろうに心得違いも甚《はなは》だしいこんな放言をしたのです。

「やめなさい。友よ、悲しむことも嘆くこともないではないか。われわれはかの偉大な道の人からこれで脱《のが》れられたのだ。《これはしてもよい。これはしてはいけない》と言われて苦しめられ、抑えつけられて来たが、今からはもう、われわれは、したいと思うことをし、したくないことはしないでおこう」

これを耳にしたマハーカッサパ尊者は、このような受け取り方、考え方をする者もいる……これを放って置いては大変なことになる……あくまでも正しい法と律とをしっかりと保って行けるようにしなければならないと、深く心に決しました。これが後に、第一回の結集《けつじゅう》（聖典編集会議）につながって行ったのです。

そして嘆き悲しむ修行僧たちには、釈尊の説かれた「諸行は無常である」というお教えを思い起こさせ、本来、壊れ滅する性質のものが、壊れ滅しない――という道理はありえないことを、懇々と説いて聞かせるのでした。

一方、天冠寺ではマッラ族の四人の頭だった人々が、頭を洗い、新しい衣服を身に着けて、荼毘の薪に火をつけようとしていました。しかしこの時もまた、火をつけることができなかったのです。

そこでマッラ族の人々はアヌルッダ尊者に前と同じようにその原因と訳《わけ》を尋ねました。尊者の答えはこんども同じでした。そしてマッラ族の人々に乞われて神々の意向を述べたのです。

「神々の考えは、今、第一の弟子・マハーカッサパ尊者が五百人の修行僧と共に、パーヴァーからこのクシナーラーに向かって道を進んでおられる。尊者がここに到着して、釈尊を拝されない間は、荼毘の薪に火はつかないであろうというのです」

マッラ族の人々は、これを聞いて納得することができたのでした。

さて、マハーカッサパ尊者は、クシナーラーの天冠寺に着くと、釈尊の御遺体が置かれている、香木を積み重ねた薪の所に行き、威儀を正して右肩をぬぎ、衣を左の肩にかけ、合掌して荼毘の薪に右肩を向けて三度まわり、偉大なる師仏陀釈尊の棺《ひつぎ》に深々と礼拝を捧げました。

この時、尊者の胸のうちには、かつての日、王舎城とナーランダーの間、バフプッタカ・バンヤン樹の下に端然と坐って、仏弟子となるべき機の熟していた自分をお待ち下さっていた釈尊のお姿——初めて見る仏陀の尊厳さと慈悲の光輪、そして全身黄金色に輝いておいでになったあのお姿が、その折のふるえるような感動と共に、静かに沸き上がっていたのではないでしょうか。

従って来た五百人の修行僧たちも、同じく威儀を正して右肩をぬぎ、衣を左の肩にかけ、合掌して同じく荼毘の薪に右肩を向けて三度まわり、尊き師釈尊の棺に礼拝を捧げたのでした。

このようにしてマハーカッサパ尊者と五百人の修行僧たち全員が礼拝を終った時、荼毘の薪はひとりでに燃えはじめました。

そして釈尊の御遺体が焼けた時、虚空からは清らかな水が降って来て荼毘の薪の火を消しました。地下からも清らかな水がほとばしり出て火を消し、クシナーラーに住むマッラ族の人々もまた、あらゆる香水をもって、釈尊の荼毘の薪の火を消したのでした。

クシナーラーのマッラ族の人々は、釈尊のお舎利を七日の間、公会堂に安置して、槍の垣を造り、弓の柵《さく》をめぐらし、舞踊・歌謡・音楽・花輪・香などを捧げ、あらん限りの誠を尽くして御供養をしたのでした。

70　仏舎利の分配

釈尊がクシナーラーで入滅され、荼毘に付されたという報せは、またたくうちに拡がりました。

マガダ国王アジャータサットゥはこれを聞くと、さっそくクシナーラーのマッラ族に使者を遣わして、「世尊も王族の御出身であり、私も王族である。私もまた世尊のお舎利の一部の分配を受ける資格がある。私も世尊の舎利塔を造って、御供養を行ないましょう」と申し入れました。

ヴェーサーリーに住むリッチャヴィ族、アッラカッパに住むブリ族、ラーマ村に住むコーリヤ族、パーヴァーに住むマッラ族もみな王族でしたから、それぞれ使者を遣わしてマガダ国王と同じように申し入れをしました。

カピラワッツに住む釈迦族も、使者を遣わして、「世尊はわれわれの親族のうちで最も優れたお方であられる。われわれもまた世尊のお舎利の一部の分配を受ける資格がある。われわれもまた世尊の舎利塔を造って、御供養を行ないましょう」と申し入れました。

ヴェータディーパに住むバラモンも、使者を遣わして、「世尊は王族の御出身であり、私はバラモンであるとお舎利の一部の分配を受ける資格があることを述べ、「私もまた世尊の舎利塔を造って、御供養を行ないましょう」と申し入れました。

ところがこれらの申し入れを受けたクシナーラーのマッラ族の人々は、集まって来た使者たちに厳然として答えたのです。

「世尊はわれわれの村の土地で入滅されたのである。われわれは世尊のお舎利を、一部たりとも分け与えることはしないであろう」

しかし、申し入れた側もこれまた何れもすこぶる強硬で、一歩たりとも引こうとはしません。

こうなると争いは激しくなるばかりで、このままでは武力に訴えるということにもなりかねない、このあわや、という時でした。ドーナという名のバラモンが中に入って、これを見事に治めたのです。ドーナは力をこめて、詩を詠じるようにして述べました。

「みなさん、私のこの一言を聞くのです。
われらの仏陀は「忍辱《にんにく》」を説くお方でありました。
この上なきお方のお舎利を分配するために、
争うことはよくありません。
みんな穏やかに和合して、
心を合わせ喜び合って、
お舎利を八つに分けましょう。
広く諸方に舎利塔のあらんことを。
多くの人々が眼《まなこ》ある人（仏陀）を信じているのです」

これを聞いているうちに、クシナーラーのマッラ族も、申し入れをした側の人々も、思わず釈尊のお教えを思い出して、夢中になって争っている自分たちを、何とも恥ずかしく思うようになっていました。そこでドーナに、釈尊のお舎利を平等に上手に八つに分けてもらいたい、と頼みました。

ドーナはこのむつかしい頼みを快く引き受け、誰もが納得するように注意深く過不足のないように、お舎利を八つに分けたのでした。一同はそれぞれに満足し、ここに仏舎利の分配は無事に終りました。

そこでドーナはその人々に言いました。

「みなさん。この瓶《かめ》を私に下さい。私もまた、世尊のお舎利を納めたこの瓶を祀るための塔を造り、御供養を行ないしょう」

一同が喜んでドーナにその瓶を与えたことは言うまでもありません。

ところがその後で、ピッパリ林に住むモーリヤ族が、「世尊はクシナーラーで入滅なさった」ということを聞いて使者を遣わしました。自分たちも王族であることを告げてお舎利の分配を申し入れ、舎利塔供養のことをも述べたのですが、その時残っていたのは薪の灰だけでした。

「世尊のお舎利はもう分配されてしまいました。そういう訳ですから、荼毘の薪の灰を持ってお行きなさい」

こう言われて、使者は灰を持って帰って行きました。

こうしてマガダ国のアジャータサットゥ王は王舎城に、リッチャヴィ族はヴェーサーリーに、ブリ族はアッラカッパに、コーリヤ族はラーマ村に、パーヴァーに住むマッラ族はパーヴァーに、釈迦族はカピラワッツに、ヴェータディーパに住むバラモンはヴェータディーパに、クシナーラーに住むマッラ族はクシナーラーに、それぞれ釈尊の舎利塔を造って、御供養を行ないました。また、ドーナバラモンは、瓶塔を造って御供養を行ない、ピッパリ林に住むモーリヤ族は、ピッパリ林に灰塔を造って御供養を行ないました。

それらはまるで釈尊の最後の旅の道筋に添うかのように、さらに北に延びてカピラワッツにいたるまで、東インドに八つの舎利塔と瓶塔、灰塔、合わせて十塔の心のより所を残すことになったのでした。

釈尊は御自分の悟られた法を、人間として歩むべき真実の道を、慈悲の心をもって穏やかに説かれる御方でありました。どれほど多くの人々が釈尊によって、迷いと苦悩の果てしない世界から救い上げられたことでしょうか。「世の中の眼」・「医王」・「隊商主」・「人々のより所」……これが当時の人々の釈尊に対する気持でした。その釈尊が入滅された時、止むに止まれぬ気持が、これらの塔を造らせたのだと思います。そこでは釈尊を御供養すると同時に、釈尊と共にある自分を感じて、心の支えとしていたのではないでしょうか。

この時から長い長い年月が経ち、幾多の興亡の歴史が繰り返されて来ました。しかし昔も今も、人の心の奥底を流れる気持に変わりはありません。

釈尊がお生まれになった地――ルンビニー園、正覚《しょうがく》を成じられた地――ブッダガヤー、初転法輪《しょてんぽうりん》の地――鹿野苑《ろくやおん》、御入滅の地――クシナーラー、また霊鷲山《りょうじゅせん》のような釈尊にゆかり深い所に立つ時、現代に生きる私たちもまた、言い知れぬ不思議なまでの、みずみずしい感動を呼び起こされ、無垢《むく》な心に立ち返って、身近に釈尊を直感しているのではないでしょうか。

釈尊はいたる所で、二千五百年経った今も、なお折にふれて私たちを導き続けておいでになるのです。

【著者略歴】

津田　直子（つだ　なおこ）

1924 年　大阪に生まれる。
1950 年　慶應義塾大学文学部国文科卒業。
　　　　『大正新脩大蔵経』等の復刊に従事。
《主要著書》　ジャータカ物語―童話〔中山書房仏書林〕
　　　　　　ジャータカ物語―釈尊の前世物語（上・下）（レグルス文庫）〔第三文明社〕など

釈尊ものがたり

発行日　平成 22 年 10 月 15 日　初版第 1 刷発行ⓒ

著　者　津　田　直　子
発行人　石　原　大　道
印刷所　富士リプロ株式会社
製本所　株式会社　若林製本工場
発行所　有限会社　大　法　輪　閣
東京都渋谷区東 2 − 5 − 36　大泉ビル
Tel (03)5466 − 1401（代表）
振替　00130 − 8 − 19 番

ISBN978-4-8046-1310-9　C0015　Printed in Japan